Werkstatt Sprache

Ein Sprachbuch für das 5. Schuljahr

Herausgegeben von Karl O. Frank und Harald Pfaff

Verfaßt von Sabine Bühler, Toni Bürkle,
Karl O. Frank, Dieter Kunz, Helga Längin,
Harald Pfaff, Petra Pfaff-Muthmann
Richard Schöllhorn und Ulrich Volkmann

Illustriert von Peter Schimmel und Hubert Stadtmüller

Oldenbourg

Bildquellen

ADAC, München: S. 11.1; T. Angermayer, Holzkirchen: S. 28; Bavaria-Verlag, Gauting: S. 90 (Lederer), 107; T. Bürkle, Waldkirch: S. 43, 44, 45, 51.1, 53, 55, 56, 60, 78, 83, 123; ekz, Reutlingen: S. 64.1; P. Grosz, Niederolm: S. 14; B. Hagemann: S. 9.3; H. Hertel, Nürnberg: S. 9.2; Jahreszeiten-Verlag, Hamburg: S. 9.4; Kraft GmbH, Frankfurt: S. 127; Landratsamt, Emmendingen: S. 51.2; M. Meiser, Furth i. W.: S. 32; M. Rengshausen, Essen: S. 66, 67, 68, 72; R. Schöllhorn, Wangen: S. 5, 6, 8, 38, 64.2, 76; M. Schweitzer, München: S. 65; Silvestris-Fotoservice, Kastl: S. 85, 165; S. Simon, Essen: S. 132; Sport-Scheck, München: S. 137.2; Fotostudio Teubner, Füssen: S. 129; J. Walmsley, Epsom: S. 11.2; H. Wies, Neunkirchen: S. 137.1.

© 1991 R. Oldenbourg Verlag GmbH, München

Alle Rechte vorbehalten.

1. Auflage 1991
Unveränderter Nachdruck   93 92 91
Die letzte Ziffer bezeichnet
lediglich das Jahr des Drucks.

Verlagslektor: Rolf Schäferhoff
Herstellerin: Luise Griebler
Schreibschrift: Eduard Wienerl
Satz: Tutte Druckerei GmbH, Salzweg-Passau
Druck und Bindearbeiten: R. Oldenbourg Grafische Betriebe GmbH, München

ISBN 3-486-**88625**-7

Inhalt

Sprachlicher Umgang mit anderen ... 5
1. In der neuen Schule – Sich verständigen ... 6

Erzählen ... 13
2. „Also, das war so ..." – Erlebnisse erzählen ... 14
3. Bilder erzählen Geschichten ... 18
4. Wie war das noch? – Nach Texten erzählen ... 23
5. Das ist ja unglaublich! – Phantasiegeschichten ... 33

Beschreiben ... 43
6. Mein Heimatort – Informieren ... 44
7. Wir feiern Geburtstag – Vorgänge beschreiben ... 51
8. Unsere Lieblingsbücher – Informieren ... 57

Spielen ... 65
9. Spielen ohne Worte – Pantomime ... 66
10. Theater, Theater – Einen Prosatext nachspielen ... 69

Rechtschreiben ... 73
1. Tips und Arbeitshilfen ... 74
2. Dehnung ... 80
3. Schärfung ... 86
4. S-Laute ... 90
5. Gleich und ähnlich klingende Laute ... 96
6. Großschreibung ... 107
7. Silbentrennung ... 113

Sprachbetrachtung und Grammatik ... 117
1. Substantiv ... 118
2. Pronomen ... 122
3. Verb ... 127
4. Adjektiv ... 137
5. Wortfamilie – Wortfeld ... 143
6. Der Satz und seine Glieder ... 147
7. Satzarten ... 158
8. Zeichensetzung ... 162

Anhang
Textquellen ... 167
Einfach zum Nachschlagen ... 168
Inhaltsübersicht ... 170
Stichwortverzeichnis ... 172

Zeichenerklärung: * = Diktierabschnitt bei den Übungstexten

Sprachlicher Umgang mit anderen

1. In der neuen Schule

Sich verständigen

1 Wir lernen uns kennen

Speech/thought bubbles in image:
- Hoffentlich komme ich nicht neben die!
- Ob der wohl nett ist?
- Daß die gerade in meine Klasse kommt!
- Wie sieht der denn aus?
- Der ist witzig!
- Prima, so viele Mädchen!

a Das soll eine Klasse werden?

b Was hast du gedacht und gefühlt, als du deine Mitschülerinnen und Mitschüler zum ersten Mal gesehen hast?

Wünsche äußern

c „Ich will nur in die Klasse, in der meine Freundin ist!" Wenn das aber nicht geht?

Erfahrungen äußern

2 Wer bist du? – Spiele zum Kennenlernen

Lehrerin: Herzlich willkommen in unserer Schule! Ich heiße Frau Reck und bin eure Klassenlehrerin. Ihr kennt euch noch nicht alle, wir wollen uns deshalb richtig begrüßen.
Volker: Wie denn? So mit Namen und guten Tag?
Saskia: Oder mit Hallo?
Lehrerin: Wir machen beides. Lauft mal locker durcheinander, und hört auf meine Ansagen!

a Ansage 1: Wir begrüßen jeden kurz mit: „Hallo, ich bin …"!

b Ansage 2: Jetzt begrüßen wir einander mit besonders höflichen Worten und bleiben dazu stehen.

> Hochwohlgeborenes Fräulein, ist das nicht ein schöner Tag? Übrigens ich heiße …

> Ich danke Ihnen für den Gruß, werter Herr. Ich bin …

C Erzählt etwas von euch!

Beispiele:
Anna erzählt, wie sie ein kleines Kätzchen im Wald gefunden hat.
Oder:
Johannes taucht gerne. Er spielt diese Tätigkeit vor, die anderen versuchen, seinen Lieblingssport zu erraten.
Oder:

Sprachlicher Umgang mit anderen

Meinungen begründen

3 So geht das wohl nicht!

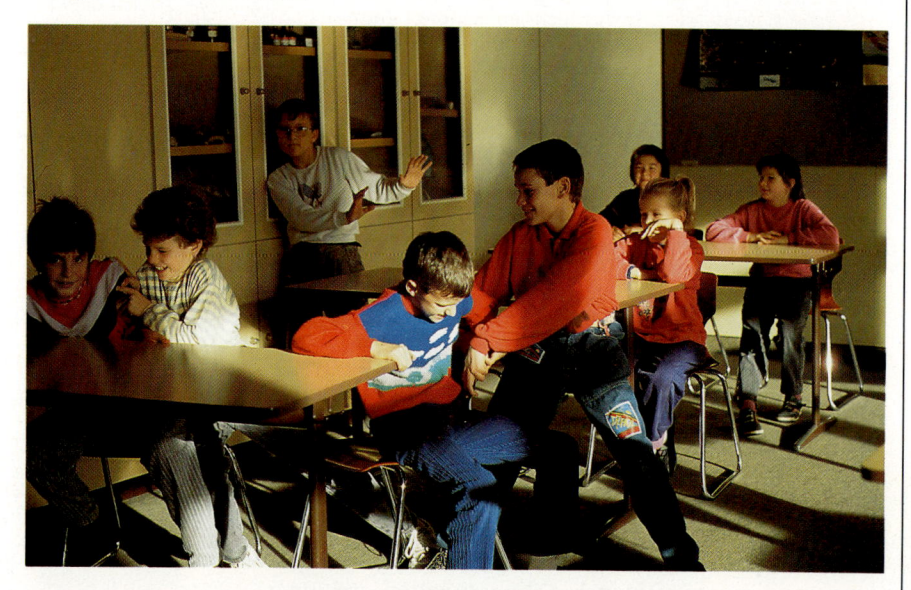

"Da setze ich mich nicht hin, das sehe ich nicht ein, ich war zuerst da!"
"Ich will in die erste Reihe, ich sehe schlecht!"
"Neben ein Mädchen setze ich mich überhaupt nicht!"
"Ha, ich bleibe hinten, da kann man schön Quatsch machen, da sieht mich keiner!"
"Bitte, bitte, ich will neben meine Freundin, ich will, ich will da hin!"
"Kann ich nach vorne?"

a Spielt „Sitzverteilung"! Einer übernimmt die Rolle der Lehrerin oder des Lehrers!

b Wie hat „eure Lehrerin/euer Lehrer" die Probleme bei der Sitzverteilung gelöst? Gebt Ratschläge!

c „Mein Papa sagt, nur mit den Ellbogen setzt man sich durch!" So verhält sich auch Marcus. Er bekommt seinen Wunschplatz. Was meinst du dazu?

Sich vorstellen

4 Das bin **ich**! – Bist **du** das?

Nicht jeder kann sich gut malen. Dennoch könnte man der neuen Klasse seine besonderen Merkmale und Vorlieben zeigen.

Beispiele:
– Paul trägt gern lange, bunte Pullover.
– Er liebt Schwimmen über alles.

a Stelle dich in einer *Collage* vor!
Du benötigst: – ein Foto deines Gesichts
– Zeitschriften oder Kataloge
– Schere, Klebstoff

Mein Lieblingsspiel

Mein Lieblingstier

Mein Lieblingsessen

b Schreibe neben deine Collage deinen „*Steckbrief*"!
Name, Adresse, Hobby, Lieblingsessen …
Du kannst schreiben, malen oder ebenfalls kleben.

Wege beschreiben **5** Der neue Schulweg

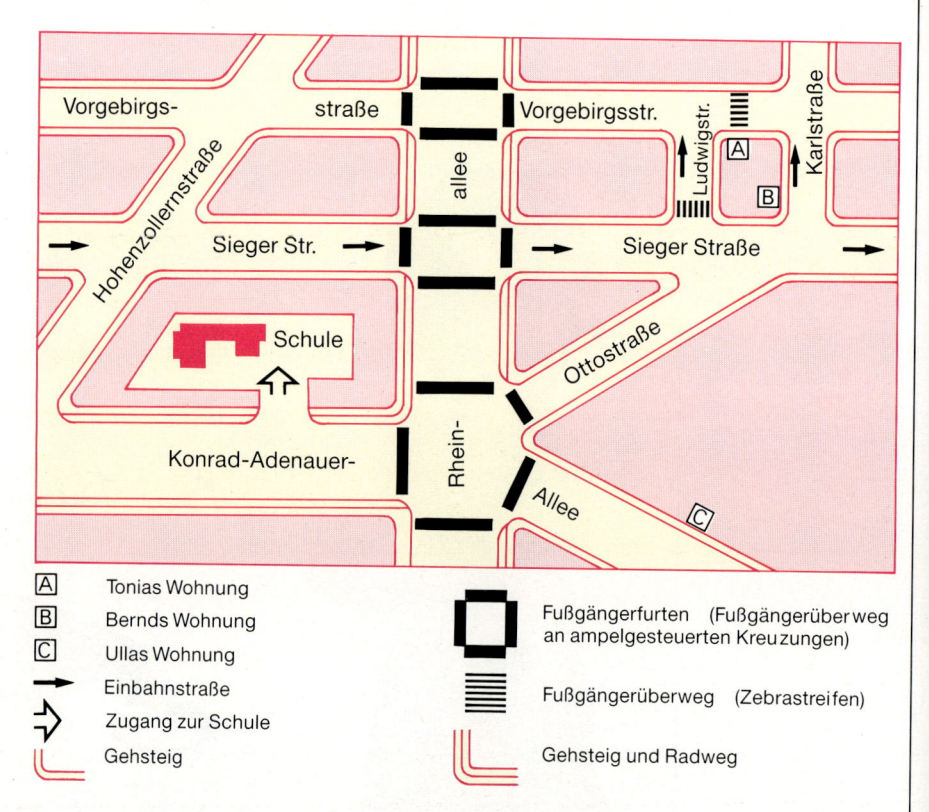

A	Tonias Wohnung
B	Bernds Wohnung
C	Ullas Wohnung

→ Einbahnstraße
⇧ Zugang zur Schule
Gehsteig

☐ Fußgängerfurten (Fußgängerüberweg an ampelgesteuerten Kreuzungen)
≡ Fußgängerüberweg (Zebrastreifen)
Gehsteig und Radweg

a Warum gibt die Realschule den „Neuen" einen Plan mit nach Hause?

b Bernd: „Den Plan brauche ich nicht. Ein Sprung über die Sieger Straße, ein Spurt durch die Ottostraße, und in drei Minuten bin ich schon in der Schule."
Überprüfe Bernds Vorschlag!

c Tonia: „Ich nehme das Fahrrad, weil ich es morgens immer eilig habe."
Welchen Weg wird Tonia wählen? Welche Verkehrsregelung muß sie dabei beachten?

d Tonia: „Wenn ich Zeit habe, hole ich meine Freundin Ulla in der Konrad-Adenauer-Allee ab. Von dort fahren wir bis zur Ampel an der Rheinallee, überqueren die beiden großen Straßen auf dem Fußgängerüberweg und sind dann auf dem Fahrradweg schnell in der Schule."
Schaut auf den Plan! Was meint ihr dazu?

e Schreibe auf, wie du zur Schule kommst!

Anregungen äußern **6**

So oder so?

a Wie sieht es aus, wenn du mit dem Bus fährst:
 – beim Warten auf den Bus,
 – beim Einsteigen,
 – während der Fahrt,
 – beim Aussteigen?

b Entwerft ein Plakat, und hängt es im Schulgebäude aus!

Ha, das sind lauter Imperative!

Imperativ
→ S. 128

Mit dem Schulbus unterwegs
So kommst du sicher nach Hause:

1. Beim Warten: Sei kein „Drängler"! Bildet eine Schlange! Stell dich am Ende der ⸺ an!
2. Beim Einsteigen: ?
3. Während der Fahrt: ?
4. Beim Aussteigen: ?

Sprachlicher Umgang mit anderen 11

Meinungen begründen

7 Zusammen kann man mehr erreichen

Saskia und Till sind die neuen Klassensprecher. Sie kennen ihre Aufgaben noch nicht genau. Daher schimpfen viele über sie:

- Sollen doch die beiden das Papier nach der Stunde aufheben. Dazu haben wir sie als Klassensprecher ja gewählt.
- Geld einsammeln dürfen sie und dann noch wegbringen!
- Die vergißt doch immer, das Tagebuch wegzubringen.
- Die sagen einem nie, wenn der Unterricht ausfällt.
- Was geht es die an, wenn ich die Steffi ärgere!
- Brauchen wir doch nicht, dafür haben wird doch die Klassenlehrerin.
- Ich verstehe gar nicht, was die uns immer sagen wollen, es hört doch keiner zu.

a Welche Aufgaben haben die Klassensprecher?

b Für welche Aufgaben ist die gesamte Klassengemeinschaft verantwortlich? Begründe deine Meinung!

8

> **Realschule Bubenbach**
>
> **Schulsport: Handball**
>
> Auch in diesem Jahr soll der Schulstufensieger im Handball ermittelt werden. Die Klassensprecherinnen und Klassensprecher werden gebeten, jeweils Mädchen und Jungen zu den Spielen anzumelden.

a Die Klassensprecherin fragt ihre Freundinnen, ob sie mitmachen wollen. Diese dürfen auch mitbestimmen, wer noch spielen soll.
Was meint ihr dazu?

b Die Mannschaft der Klasse 5c wird Unterstufensieger und bekommt einen Pokal.
Wem gehört er? Begründe deine Meinung!

Erzählen

Nie allein

Nachmittags, allein zu Haus,
denke ich mir Sachen aus,
einfach so zum Spaß.

Mal bin ich ein Fisch im Meer,
ein andermal die Feuerwehr
und ein Märchenprinz.

Auch ein Künstler war ich schon
und spielte ohne einen Ton
stundenlang Klavier.

Heute bin ich mal ein Mann,
der mit dem Fahrrad fliegen kann
über unser Dorf.

Mir fällt immer etwas ein,
deshalb bin ich nie allein,
nachmittags zu Haus.

Manfred Mai

2. „Also, das war so ..."

Erlebnisse erzählen

1 Ich schreibe gern! – Und du?

Meine Eltern waren arme Bauern, als ich in einem fernen Land zur Welt kam, das rund ist wie ein Ei und Rumänien heißt. Schule hat dort noch viel weniger Spaß gemacht als hier. So kam es, daß ich, kaum älter als ihr, die Nase gestrichen voll hatte, meine Eltern belog und zwei Wochen lang statt zur Schule in die Bücherei ging. Dort blieb ich den ganzen Vormittag sitzen und las jedes Buch, das mir in die Hand fiel. Das hat Spaß gemacht! Als meine Eltern von der Sache erfuhren, sagten sie keinen Ton. Am darauffolgenden Morgen weckten sie mich um 5 Uhr, nahmen mich mit aufs Feld und drückten mir eine Hacke in die Hand. Vor mir lag eine ewig lange Maisreihe. Über mir brannte eine erbarmungslose Sonne. Als die Reihe hinter mir lag, war es Abend, und ich wollte wieder zur Schule.
Da bin ich heute noch als Lehrer.
Und ich habe meine Schüler gern.
Am liebsten schreibe ich Gedichte und kurze Geschichten. Drei dünne Bücher habe ich veröffentlicht, aber so'n richtig dickes habe ich noch nicht geschafft.
Vielleicht gelingt es dir.

Peter Grosz

a Weshalb haben die Eltern von Peter Grosz so reagiert?

b Hast du schon einmal eine kleine Geschichte geschrieben? Einfach so. Erzähle!

c Jeder von euch kann etwas erzählen.
  – Klaus, wie er den Bus verpaßte
  – Sarah von einer Überraschung
  – Christian vom letzten Sturm
  – Saskia von ihrem Meerschweinchen Krümel
  – ...
  Und du? Was willst du erzählen?

d Ihr könnt eure Geschichten auch aufschreiben. Wie wäre es mit einem Erzählbuch eurer Klasse?

2 Neu in der Schule

Alle Kinder wollten erzählen, was sie in der neuen Schule erlebten. Aber die Stunde ging viel zu schnell zu Ende, und viele Kinder kamen gar nicht mehr dran. Die Klasse wollte daher ein Erzählbuch anlegen, damit jeder jede Geschichte lesen kann.

(ACHTUNG FEHLER)

> Martina: Ich ging verloren
> Herr Messerschmitt teilte die Klassen ein. Die anderen Emsbächer und Sindringer waren schon eingeteilt, aber ich wußte nicht, wo ich hingehen sollte. Ich lief einmal zu den B-Klässlern, dann wieder woanders hin, dann stieg ich ein Stück die Treppe hoch. Ich schaute und drehte mich in alle Winkel und Ecken um. Ich hatte Angst, daß ich nie eine Klasse fände, in die ich gehen könnte. Doch plötzlich riefen Mario und Corinna aus dem 2. Stock: „Kommst du jetzt endlich? Wir haben dich schon überall gesucht." Dann stieg ich die Treppen hoch zu meinen Freunden.

a Wie findest du Martinas Geschichte?

b Martina liest sie der Klasse vor.
  Daniel: „Man merkt richtig, wie aufgeregt Martina war."
  Lisa: „Ja genau! Aber du solltest doch erzählen, daß wir zuerst in der Pausenhalle waren."
  Erich: „Herr Messerschmitt hat uns genau gesagt, in welches Klassenzimmer wir gehen müssen."

Welche Fragen würdest du Martina stellen?

Erzählen

3 Martina: Ich fand meine Klasse nicht

Aha, Martina, das schlaue Köpfchen, hat etwas gelernt!

> Herr Messerschmitt teilte die Klassen ein. Die Ernsbächer und Sindringer, die mit mir in die Grundschule gegangen sind, waren schon eingeteilt, aber ich wußte nicht, wo ich hingehen sollte.
> Ich lief einmal zu den B-Kläßlern, dann wieder woanders hin, dann stieg ich ein Stück die Treppe hoch. Ich schaute und drehte mich in alle Winkel und Ecken um. Ich hatte Angst, daß ich nie eine Klasse fände, in die ich gehen könnte.
> Doch plötzlich riefen Mario und Corinna, die früher mit mir in die Grundschule gingen, aus dem 2. Stock:"Kommst du jetzt endlich? Wir haben dich schon vermißt." Dann stieg ich die Treppe hoch zu meinen Freunden.
> Nachher dachte ich noch, wie es eigentlich dazu gekommen sei, daß ich gesucht wurde. Ich glaube, ich habe nicht aufgepaßt an dem Augenblick, als Herr Messerschmitt die Klasse aufteilte, aber er sprach auch so leise, da hatte ich ihn nicht verstanden.

a Martina hat ihren Aufsatz überarbeitet.
Auf welche Fragen und Anregungen ihrer Mitschülerinnen und Mitschüler ist sie eingegangen?

b Bevor Martina ihren Aufsatz für das Geschichtenbuch abgibt, sollte sie ihren Text noch einmal verbessern.
Hilf ihr dabei!

4 Michaels Geschichte

Neu an der Schule (*Der erste Versuch*)

Als ich das erste Mal meine neuen Mitschüler sah, kam mir ein Gesicht sofort bekannt vor. Ich war nämlich mit meiner Familie vor einem Jahr auf dem großen Rummel in Öhringen. Da kam jemand daher und sprach mich an. Als ich dann in die Klasse trat, war ich mir sicher, daß es jemand aus
5 meiner Klasse gewesen war.

Neu an der Schule (*Michaels Überarbeitung*)

Als ich das erste Mal meine neuen Mitschüler sah, kam mir ein Gesicht sofort bekannt vor. Ich überlegte und überlegte, und plötzlich kam das Gesicht vom Rummelplatz in Gedanken angeflogen. Die Geschichte ist nämlich so:
5 Als ich ungefähr vor einem Jahr auf einem großen Rummel in Öhringen war, da sprach mich ein Junge an. Als ich dann in das Zimmer trat und die neuen Mitschüler anschaute, war ich mir sicher, daß es jemand aus meiner Klasse war. Als ich es mir nach der Schule noch einmal überlegte, kam mir der Einfall, daß es Christian oder Mario gewesen sein mußte. Jetzt meine
10 Frage an euch zwei: „Wer von euch war vor ungefähr einem Jahr in Öhringen auf dem großen Stadtrummel?"

a Mit Hilfe der Fragen und Anregungen seiner Mitschülerinnen und Mitschüler hat Michael eine spannende Geschichte geschrieben.
Was meinst du zu Michaels Schluß?

b Diskutiert Möglichkeiten, wie die Geschichte enden könnte!

c Schreibe deinen Schluß!

> Tips zum Schreiben und Vorlesen von Geschichten:
>
> • Wir überlegen:
>   – Welches Erlebnis will ich erzählen?
>   – Was war oder ist für mich besonders wichtig, aufregend, lustig oder traurig?
>   – Was daran ist für meine Zuhörerinnen und Zuhörer interessant?
> • Wir schreiben unsere Geschichten zum Vorlesen auf.
> • Wir lesen unsere Geschichten vor.
> • Wir hören zu, wenn die anderen ihre Geschichten vorlesen.
> • Wir sammeln Fragen der Zuhörer,
>   – wenn sie etwas nicht verstanden haben,
>   – wenn sie etwas nicht richtig miterleben konnten.
> • Wir überarbeiten unsere Texte.

5 Anregungen

– So ein Mist! Ich finde meine Fahrkarte nicht.
– Wenn ich nur wüßte, wo ich meine Turnschuhe liegen gelassen habe.
– Das kann nur unser Zwacki (Dackel/Pinscher ...) gewesen sein!
– Das ist gerade noch einmal gut gegangen.
– Wenn ich nicht so erschrocken wäre, hätte/wäre ich ...
– So etwas lasse ich mir nicht zweimal sagen.

3. Bilder erzählen Geschichten

1

a Das Verhalten des Wärters ist leicht zu erkennen.
Wie mag dem Elefanten zumute sein?
Schaue auf seinen Mund, sein Auge, seinen Rüssel!
Zeichne Denkblasen!

Beispiel: *Zwei Stunden schon habe ich nun Baumstämme getragen – ohne Frühstück. ...*

b Was geschieht zwischen den Bildern?

Beispiel zwischen Bild 1 und 2:

Der Wärter merkte, daß sein lautes Gebrüll den Elefanten zu keinem Schritt bewegen konnte. Deshalb überlegte er sich eine andere Methode. Entschlossen stellte er sich ...

c Stefanie fing ihren Aufsatz so an:

Für den Elefanten Dorgo begann der Donnerstagmorgen mit harter Arbeit. Nach zwei Stunden sagte er sich, daß die Menschen sich oft die Redensart „Wer nicht arbeitet, soll auch nicht essen" an den Kopf werfen. Also, dachte er weiter, ist es doch logisch, wenn ich jetzt zu mir sage: „Wer nichts zu fressen bekommt, muß auch nicht arbeiten." Und schon stampfte er mit einem Ruck seinen rechten Vorderfuß in den weichen Boden. ...

Jetzt kannst du weitererzählen.

d Welche Überschrift gibst du deiner Geschichte?

e Hast du überall die richtige Zeitform (das richtige Tempus) gewählt?

Folgende Tabelle hilft dir:

Zeitformen
→ S. 136

Infinitiv	Präsens	Perfekt	Präteritum
tragen	ich trage	ich habe getragen	ich trug
denken	ich denke	ich habe gedacht	ich dachte
erreichen	er erreicht	er hat erreicht	er erreichte

2

Alec Guerney

a Nach dem vierten Bild kann sich noch viel ereignen.
Was geschieht zwischen Bild 4 und dem letzten Bild?

b Setzt euch zu einem Erzählkreis zusammen!
Einer beginnt zu erzählen; nach einigen Sätzen hört er auf; der nächste wiederholt den letzten Satz und erzählt weiter.

c Ergänzt die Wortliste:

Wortfeld
→ S. 145

Das Mädchen ist erschrocken, *jammert, weint, kreischt, bittet,* … strahlt.
Der Vater *ärgert sich, stöhnt,* …

d Jeder schreibt seine Geschichte auf.

> Tip:
> - Welche Vorgeschichte wählst du?
> - Welche Namen gibst du dem Mädchen, dem Vater, dem Hamster?
> - Von welchem Bild willst du besonders viel erzählen?
> - Wie willst du deine Geschichte abschließen?

e Tauscht die Hefte aus, und helft einander bei der Überarbeitung!

3

a Ergänze Ralfs Aufsatz!

Einleitung

Unternehmungslustig standen die sechs Kegler an der Kegelbahn. Jeder wollte an diesem Abend als Sieger aus der Halle gehen.

Voraus-
deutung

Doch alles kam anders.

Anrede an
den Leser

Laß dir die Geschichte erzählen!

Hauptteil

„Heut' räum' ich mit einem Wurf ab", sagte der erste, „ihr werdet die Kugel rollen sehen und dann nur noch staunen." Mit kräftigem Schwung...

Ein Kegel blieb stehen. ...

...

Schluß

...

Erzählen 21

4 Nachtgeschichte

Die Schüler eines 5. Schuljahres verbringen erstmals ein gemeinsames Wochenende in einer Jugendherberge in der Nähe einer alten Burg. Es wird Abend. Tonio hat eine Idee:

a Was hat sich ereignet?

b Wie willst du deine Erzählung beginnen und wie enden lassen?

Beispiel für den Anfang:

„Das war ja ein fürchterlicher Krach heute nacht", schimpfte der Herbergsvater am Sonntagmorgen ärgerlich...

c Suche eine treffende Überschrift!

4. Wie war das noch?

Nach Texten erzählen

1 Luigis blauer Sonnenschirm

Buenos Aires ist die Hauptstadt von Argentinien, einem großen Land in Südamerika. In der großen Stadt Buenos Aires gibt es eine Straße, die ist mehr als hundert Meter breit. Auf der einen Seite der Straße wohnt Luigi. Seine Schule liegt auf der anderen Seite der Straße. Jeden Tag, wenn Luigi
5 zur Schule geht, muß er über die breite Straße.

In Buenos Aires ist es im Sommer sehr heiß. Und wenn die Sonne auf die breite Straße herunterbrennt, ist es dort vor Hitze kaum auszu-
10 halten.
Luigi hatte sich einen schönen blauen Sonnenschirm gemacht. Wenn er über die breite Straße zur Schule ging, spannte er immer sei-
15 nen Sonnenschirm auf. Der Sonnenschirm verhinderte, daß ihm die Sonne auf den Kopf schien. Aber die Luft über der breiten Straße von Buenos Aires ist im
20 Sommer sehr heiß, und vor dieser heißen Luft konnte der Sonnenschirm den Kopf nicht schützen. Luigi dachte nach. Und er erfand einen Sonnenschirm, der zugleich
25 ein Ventilator war. Er schnitt den blauen Stoff des Sonnenschirms in Streifen und versteifte die Kanten mit Draht. Wenn Luigi jetzt die Straße überquert, hält er einen
30 schwirrenden Sonnenschirm über seinen Kopf. Er dreht den Griff in seinen Händen, und die schönen blauen Streifen wirbeln herum wie Hubschrauberflügel – das gibt eine
35 leichte, kühlende Brise. Der Sonnenschirm schützt Luigis Kopf vor der Sonne, und die Brise kühlt seinen Kopf. Und Luigi ist der glücklichste Junge in ganz Bue-
40 nos Aires.

Erzählen 23

a Was erfährst du über Buenos Aires?
Schreibe das auf einen Stichwortzettel!

> Buenos Aires: Hauptstadt von ...
> in ...
> breite Straße
> im Sommer ...

b Was erfährst du über Luigi?
Schreibe auch das auf deinen Stichwortzettel!

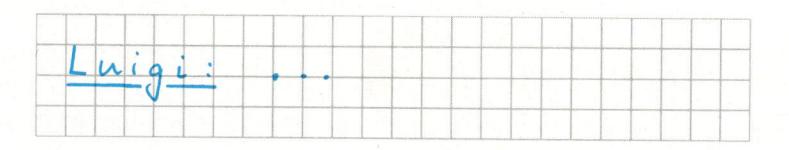

> Luigi: ...

c Erzähle nun die Geschichte nach! Schaue nicht mehr ins Buch, nur noch auf deinen Stichwortzettel!
Beginne so:

Überschrift — *Luigis Erfindung*

Einleitung — *Luigi wohnt in ...*

Hauptteil — *Um sich vor der Hitze zu schützen, ...*

Schluß — *So war Luigi ganz zufrieden, weil ...*

24 Erzählen

2

Behalten Sie einen kühlen Kopf — durch solarbetriebene Brise.

Diese Solarmütze verschafft Ihnen auch bei tropischen Temperaturen angenehme Kühlung.

Auf der Oberseite montierte Solarzellen treiben den leise laufenden Mini-Ventilator an. Tränken Sie zusätzlich das saugfähige, durch Klettband einsetzbare Stirnpolster mit Wasser; die Feuchtigkeit erhöht die erfrischende Wirkung. Ein großer Schirm schützt Ihre Augen vor blendender Sonne, und der Netzstoff am Kopfteil ist besonders luftdurchlässig. Durch einen verstellbaren Riegel für alle Kopfweiten passend. Zwei Mignon-Batterien (separat erhältlich) dienen als Energiequelle im Schatten. Farbe Weiß.

Tragen Sie die Solarmütze am Strand, auf der Terrasse oder bei der nächsten heißen Fete. Während andere schwitzen, genießen Sie eine herrlich wohltuende Brise.
- Solarmütze   DM 79,—
- 2 Mignon-Batterien DM 4,—

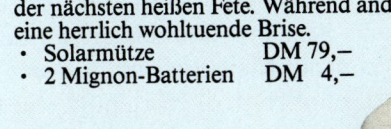

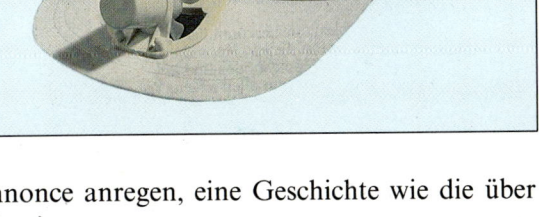

a Laß dich von der Werbeannonce anregen, eine Geschichte wie die über Luigis Erfindung zu schreiben!
Kläre zuvor einige Einzelheiten!

Stichwortzettel:

```
- Einleitung:   Wer soll die Solarmütze
                tragen? (Name, ein
                Marathonläufer oder ...)
                Bei welcher Gelegenheit
                soll die Person mit ihr
                erscheinen?

- Hauptteil:    Wie reagieren die Leute?

- Schluß:       Wie wird die Erzählung
                abgeschlossen?
```

3 Der Binger Mäuseturm

Zu Bingen ragt mitten aus dem Rhein ein hoher Turm, von dem nachstehende Sage umgeht. Im Jahre 974 ward eine große Teuerung in Deutschland, daß die Menschen aus Not Katzen und Hunde aßen und doch viele Leute Hungers starben. Da war ein Bischof zu Mainz, der hieß Hatto der
5 andere, ein Geizhals; er dachte nur daran, seinen Schatz zu mehren und sah zu, wie die armen Leute auf der Gasse niederfielen und bei Haufen zu den Brotbänken liefen und das Brot nahmen mit Gewalt. Aber kein Erbarmen kam in den Bischof, sondern er sprach: „Lasset alle Arme und Dürftige sammeln in einer Scheune vor der Stadt, ich will sie speisen." Und wie sie in
10 die Scheune gegangen waren, schloß er die Türe zu, steckte mit Feuer an und verbrannte die Scheune samt den armen Leuten, jung und alt, Mann und Weib. Als nun die Menschen unter den Flammen wimmerten und jammerten, rief Bischof Hatto: „Hört, hört, wie die Mäuse pfeifen!" Allein Gott der Herr plagte ihn bald, daß die Mäuse Tag und Nacht über ihn liefen
15 und an ihm fraßen, und vermochte sich mit aller seiner Gewalt nicht wider sie behalten und bewahren. Da wußte er endlich keinen andern Rat, als er ließ einen Turm bei Bingen mitten im Rhein bauen, der noch heutigentags zu sehen ist, und meinte sich darin zu fristen, aber die Mäuse schwammen durch den Strom heran, erklommen den Turm und fraßen den Bischof
20 lebendig auf.

Brüder Grimm

a Drücke schwierige Wörter und Formulierungen in eigenen Worten aus!

> Beispiel:
> Kein Erbarmen kam in den Bischof → Der Bischof blieb hartherzig.
> große Teuerung → ?
> … → ?

b Der Text ist nicht gegliedert.
Wo machst du beim Vorlesen größere Pausen? Lege durch sie die möglichen Abschnitte fest!

c Schreibe für jeden Abschnitt eine Überschrift!

Beispiel: *Bischof Hatto war ein Geizhals*

d *Der harte Reiche und die hungernden Armen*
Erzähle die alte Sage mit eigenen Worten!

e Sammle Sagen aus deiner Heimat, und erzähle sie nach!
Mit deinen Mitschülerinnen und Mitschülern kannst du ein kleines Sagenbuch anlegen.

4 Der Farmer und der Löwe

Ein Farmer, der sich am Rand der Steppe angesiedelt hatte, wurde während eines Jagdganges von seinem Hund auf ein Waldstück aufmerksam gemacht. Er ging den Ort vorsichtig an. Auf einer Lichtung erspähte er einen Löwen, der am Verenden war. Das Tier lag wie ein Gerippe im dürren
5 Grase, von dem es sich kaum unterschied. Das Fell hing über ihm als fahle Decke, durch die sich die Knochen abzeichneten; es hielt die Pranken kraftlos ausgestreckt. Offenbar lag der Löwe hier im Wundbett, während der Tod schon seinen Schatten auf ihn warf: Schon spielten Fliegen um seine Mähne, und Geier hockten auf den Akazien. Der Gnadenschuß wäre ein
10 gutes Werk an ihm. Der Farmer näherte sich behutsam mit vorgehaltenem Gewehr. Als er dicht vor dem kranken Tier stand, entdeckte er etwas Merkwürdiges.

Auch Löwen machen nicht immer große Beute und sind dann darauf angewiesen, mitzunehmen, was über den Weg läuft, wie der Fuchs an Fastenta-
15 gen sich mit Mäusen oder mit Schnecken begnügt. Dieser hatte anscheinend versucht, eine Schildkröte aufzubrechen, sowie man einer Walnuß die Schale aufknackt, ehe man sie verspeist. Das ist für ein solches Gebiß ein Kinderspiel. Indessen hatte ihm hierbei die Tücke des Objektes einen Streich gespielt: Die Schildkröte war ihm quer durch den Gaumen geglitten
20 und hatte den Rachen gesperrt. So kann es vorkommen, daß ein Kind sich einen Apfel in den Mund schiebt, den man ihm dann herausschneiden muß. Wahrscheinlich war der Löwe lange umhergeirrt und hatte sich vergeblich abgemüht, sich von dem Knebel zu erlösen; endlich hatte er sich verborgen, um einsam zu sterben, wie es die Löwen tun.

25 Den Farmer dauerte das Tier. Er beschloß, es von diesem kläglichen Tode zu erretten, wenn das noch möglich wäre, und kehrte heim, um sich mit Werkzeug zu versehen. Er kam mit Hammer und Meißel wieder, und es gelang ihm mit wenigen Schlägen, den Löwen von seiner Plage zu befreien. Ob viel damit gewonnen war, blieb fraglich, denn das große Tier vermochte
30 nicht einmal den Schweif zu rühren; es blieb reglos auf der Lichtung ausgestreckt.

Der Farmer eilte zum zweiten Mal zurück und brachte Wasser in einem Eimer an. Zu seiner Freude bemerkte er, daß der Löwe, wenngleich mit großer Mühe, zu trinken begann. Dann ließ er den Kopf auf die Pranken
35 fallen und schlief ein. Von nun an versorgte der Farmer ihn täglich auf seinem Lager; er brachte ihm Wasser, dem er zunächst wenig, dann mehr Blut zusetzte, und bald nahm der Löwe auch das Fleisch einer geschlachteten Ziege an. Er hob den Kopf, wenn er den Farmer kommen hörte, und seine Augen wurden lebhaft, wenn er ihn sah. Das Fell begann sich zu
40 glätten und gewann an Glanz. Das Leben zog in ihn ein.

Eines Tages, als der Farmer wiederkam, fand er das Wundbett leer. Der Löwe war verschwunden; er hatte wohl wieder die freie Wildbahn aufgesucht. Als sich der Farmer, zufrieden mit seiner Pflege, zum Gehen wandte, wurde er durch ein Geräusch erschreckt. Der Löwe trat aus dem Dickicht
45 mit erhobenem Haupt und starker Mähne, ein gewaltiges Tier. Er tat einige Schritte auf die Lichtung, aber er näherte sich nicht. Vielmehr begann er, sich auf den Pranken zu wiegen wie im Tanz.

Aus dem Erzählten geht hervor,
50 daß es sich bei dem Farmer um einen mutigen Mann handelte, um einen von je-
55 nen, die auch noch heute die Sprache der Tiere verstehen. Als er sah, daß der
60 Löwe sich wiegte, ohne sich zu nähern, begriff er, daß das große Tier ihn nicht er-
65 schrecken wollte – seine Muskeln waren locker, und es wiegte seinen mächtigen
70 Körper, wie man ein Kind oder ein Schauopfer wiegt. Der Löwe wollte ihm seinen Dank sagen. „Ich bin dein Löwe", war es, was er zu ver-
75 stehen gab. Dann trat er wie eine Vision in das heiße Dickicht zurück. Von nun an merkte der Farmer immer, wenn er das Revier betrat, daß sein Löwe ihn begleitete. Er umkreiste ihn am Rande des Gesichtsfeldes, bewachte, beschützte ihn, trieb Wild auf ihn zu. Wie einst Androklus hatte er sich den König der Tiere durch Güte dienstbar gemacht. Das ist die beste
80 Zähmung auf unserer Welt.

Ernst Jünger

> Ein Löwe frißt eine Schildkröte. Da staune ich aber.

> Gut, daß der Farmer den Löwen nicht gleich erschossen hat!

a Worüber bist du erstaunt?

b Suche Textstellen, in denen der kranke Löwe beschrieben wird! Zeichne ein Bild vom kranken Löwen!

c Zeile 26: Der Farmer kehrte heim, um sich mit Werkzeug zu versehen. Seine Frau fragte ihn: „Wozu brauchst du das Werkzeug?" Der Farmer erzählte: „..."

d Vom gesunden Löwen schrieb ein Schüler:

Eines Tages traf der Farmer zwei seiner Jagdkollegen und erzählte: Ich hab' euch doch vor einigen Wochen von dem Löwen mit der Schildkröte im Hals berichtet. Stellt euch vor, er ist immer noch im Revier. ...

Erzähle weiter!

Erzählen

5 Aus Glas

Manchmal denke ich mir irgendwas.
Und zum Spaß
denke ich mir jetzt, ich bin aus Glas.

Alle Leute, die auf der Straße gehn,
5 bleiben stehn,
um einander durch mich anzusehn.

Und die vielen andern Kinder schrein:
Ei wie fein!
Ich, ich, ich will auch durchsichtig sein!

10 Doch ein Lümmel stößt mich in den Rücken.
Ich fall hin ...
Klirr, da liege ich in tausend Stücken.

Ach, ich bleibe lieber, wie ich bin!

Josef Guggenmos

a Der Dichter hat einen tollen Einfall, aber ... Erzähle!

b Die ersten drei Strophen sind regelmäßig gebaut. Was kannst du über die Reime und über die Zeilenlänge sagen?
Die vierte Strophe und die Schlußzeile sind durch einen Reim miteinander verbunden. Das hat sicher einen Grund. Versuche zu erklären!

c Die Zuhörer sollen beim Vorlesen
 – den lustigen Einfall,
 – das Staunen der Leute,
 – die Aufregung der begeisterten Kinder
 – und das jähe Ende miterleben können.
Probiere aus!

d Du kannst dir auch solche Geschichten ausdenken. Erzähle!
Beispiel:

> Manchmal sieht mich keiner an.
> Und nur dann
> Denk' ich mir, ich bin aus Marzipan.
> Alle Leute ...

Es kann auch eine Geschichte sein, die sich nicht reimt.

e Du kannst auch Geschichten zum Gedicht „Nie allein", S. 13, schreiben.

6 Die Bremer Stadtmusikanten

Ein Esel, schwach und hochbetagt,
ein Hund von Atemnot geplagt,
ein Katzentier mit stumpfem Zahn
und ein dem Topf entwichner Hahn,
5 die trafen sich von ungefähr
und rieten hin und rieten her,
was sie wohl unternähmen,
daß sie zu Nahrung kämen.

Ich Esel kann die Laute schlagen:
10 Ja plonga plonga plomm.
Ich Hund will's mit der Pauke wagen:
Rabau rabau rabomm.
Ich Katze kann den Bogen führen:
Miau miau mihie.
15 Ich Hahn will mit Gesang mich rühren:
Kokürikürikie.

So kamen sie denn überein,
sie wollten Musikanten sein
und könnten's wohl auf Erden
20 zuerst in Bremen werden.

Ja plonga plonga plomm.
Rabau rabau rabomm.
Miau miau mihie.
Kokürikürikie.

25 Die Sonne sank, der Wind ging kalt.
Sie zogen durch den dunklen Wald.
Da fanden sie ein Räuberhaus.
Das Licht schien in die Nacht hinaus.
Der Esel, der durchs Fenster sah,
30 wußt anfangs nicht, wie ihm geschah:
Ihr Kinder und ihr Leute,
was winkt uns da für Beute!

Den Fuß er leis ans Fenster stellte,
ja plonga plonga plomm,
35 der Hund auf seinen Rücken schnellte,
rabau rabau rabomm,
und auf den Hund die Katze wieder,
miau miau mihie,
zuoberst ließ der Hahn sich nieder,
40 kokürikürikie.

Das Räubervolk zu Tische saß,
man schrie und lachte, trank und aß.
Und plötzlich brach durchs Fenster
der Sturm der Nachtgespenster:

45 Ja plonga plonga plomm.
Rabau rabau rabomm.
Miau miau mihie.
Kokürikürikie.

So gräßlich waren Bild und Ton,
50 daß die Kumpane jäh entflohn.
Statt ihrer schmausten nun die Vier,
bezogen dann ihr Schlafquartier.
Ein Räuber doch mit schiefem Blick
schlich mitternachts ins Haus zurück,
55 um heimlich zu ergründen,
wie denn die Dinge stünden.

Mit eins war sein Gesicht zerrissen,
miau miau mihie,
sein linkes Bein mit eins zerbissen,
60 rabau rabau rabomm,
sein Leib getroffen von den Hufen,
ja plonga plonga plomm,
sein Herz erschreckt von wilden Rufen,
kokürikürikie.

65 Er lief und lief durchs Dickicht quer,
als käm der Teufel hinterher.
Da gab es bei den Tieren
ein großes Jubilieren:

Ja plonga plonga plomm.
70 Rabau rabau rabomm.
Miau miau mihie.
Kokürikürikie.

Manfred Hausmann

a Du kennst das Märchen von den „Bremer Stadtmusikanten". Manfred Hausmann hat daraus ein Erzählgedicht gemacht. Was hat er verändert?

b Bereite das Gedicht zum Vorlesen vor!

> Dazu einige Tips:
> - Die Strophen gliedern das Gedicht nach Sinnabschnitten.
>   Hier machst du große Sprechpausen: (//)
>   Es gibt aber auch innerhalb der Strophen Stellen, an denen deutliche Sprechpausen wichtig sind. Überprüfe durch lautes Vorlesen, und markiere die Stellen durch einen leichten Bleistiftstrich (/)!
> - Die Verszeilen schließen meist mit einem Punkt oder einem Komma. An diesen Stellen machst du eine kurze Pause. Es gibt aber auch Sätze, die über die Verszeile hinweggehen. Da mußt du ohne Pause weiterlesen. Diese Stellen kannst du so ↩ markieren.
> - Jedes Tier macht seine eigene Musik, aber an verschiedenen Stellen in unterschiedlicher Lautstärke.
>   Erprobt dies durch Vorleseversuche!

c Ihr könnt die Geschichte auch spielen und neue Abenteuer erfinden.

> - Klärt,
>   - welche Szenen sich für das Spiel eignen,
>   - welche Teile von einem Erzähler vorgetragen werden,
>   - welches neue Abenteuer gespielt werden soll!
> - Schreibt den Spieltext für die Szenen auf!
> - Danach kann eine Gruppe den Erzähltext dazu schreiben.
> - Probiert Szene für Szene mit unterschiedlichen Spielern!
> - Der oder die Erzähler üben den Vortrag.
> - Nun könnt ihr die ganze Geschichte eurer Nachbarklasse vorspielen.

d Du kannst die Geschichte aber auch für jüngere Kinder mit eigenen Worten so nacherzählen, daß die Musik der Tiere gut zu hören ist.
– Welche Stelle willst du besonders ausführlich erzählen?
– Welche Teile willst du kurz fassen?

Ihr kennt doch sicher die Geschichte von den Stadtmusikanten: Da war ein Esel...

5. Das ist ja unglaublich!

Phantasie-
geschichten

Textanfänge

1 Die Geschichte von der Rechthaberfamilie

Eine Rechthaberfamilie ging im Park spazieren. Es war Winter, und plötzlich kam ein Schneesturm.
Der Vater sagte: „Rechts ist der kürzeste Weg zum Tor."
„Unsinn!" sagte die Mutter. „Links müssen wir gehen." „Ihr seid verrückt!" rief die Tochter. „Hinter uns ist das Tor! Zurück müssen wir gehen, zurück!"
Sie blieben stehen und schrien sich an. Keiner gab nach. Es wurde dunkel, der Schneesturm tobte, und es wurde immer kälter. Die drei stritten immer weiter und merkten nicht, wie ihre Füße auf dem Weg festfroren.
Ein Parkwächter wollte ...

Ursula Wölfel

a Wir lesen die Geschichte so vor, daß die Zuhörer verstehen, warum die Familie ‚Rechthaberfamilie' genannt wird.
Wie lassen wir beim Vorlesen die Familienmitglieder sprechen, wie den Erzähler/die Erzählerin?

b Spielen ohne Worte:
– wie die Familie spazierengeht (Jeder für sich? ...),
– wie sie vom Schneesturm überrascht wird und es kälter wird, ...

c So könnte die Geschichte weitergehen:

Der Parkwächter entdeckte das neue Denkmal. Er wunderte sich und merkte plötzlich ...
Schnell holte er einen riesigen Fön ...

Welche Idee hast du? Schreibe deine Geschichte!

Erzählen

Text überarbeiten

2 Heike hat sich das Ende der Geschichte so ausgedacht:

ACHTUNG FEHLER

Der Fön blies heiße Luft an die Denkmalfamilie. Als erste taute die Tochter auf und sagte: „Ihr seht wirklich komisch aus". Warum macht ihr so böse Gesichter?" Da freute sich der Parkwächter und sagte: „Sie sind nicht erfroren. Wie das nur passieren konnte?" Da rührte sich auch die Mutter. „Wenn mein Mann nicht so rechthaberisch gewesen wäre", sagte sie, „wäre uns diese schreckliche Geschichte nicht passiert. Entsetzlich kalt war das"! Da sagte der Vater mit ganz zitternder Stimme: „Sei froh, Mutter, daß uns dieser freundliche Mann gefunden hat. Er hat uns vor dem Tod gerettet". „Du hast recht Eduard. Wir wollen uns nicht schon wieder streiten", sagte Frau Rechtlich und machte ein ganz liebliches Gesicht. Plötzlich lachten alle, und die Familie lud den Parkwächter, der eigentlich Gustav Lustig hieß, zum Kaffee ein. Er stand nämlich schon seit einigen Stunden auf dem gedeckten Tisch.

a Wir verbessern Heikes Text.
– Ist dir etwas unklar?
– Welche Wörter lassen sich für „sagen" in den Text einfügen?
– Was meinst du zum Schluß?

b Bilde Sätze mit wörtlicher Rede nach folgendem Muster:

Wörtliche Rede
→ S. 162

> Der Parkwächter sagte: „Sie sind nicht erfroren."
>
> _____ : „ _____ ."
>
> Der Parkwächter wunderte sich: „Wie das nur passieren konnte!"
>
> _____ : „ _____ !"
>
> „Wir wollen uns nicht wieder streiten", sagte Mutter.
>
> „ _____ ", _____ .

34 Erzählen

c Schreibe die Geschichte der Rechthaberfamilie jetzt selbst zu Ende, und verwende dabei wörtliche Rede!

d Überprüfe in deinem Text, ob du die Anführungszeichen bei der wörtlichen Rede richtig gesetzt hast.

3 Was rappelt da im Schrank?

Ich gehe hin und öffne die Schranktür. Heraus kommt ein Mädchen, so alt wie ich etwa. Sie hat einen roten Gummianzug an.
„Bist du Fredi?" fragt sie.
„Ja", sage ich, „wie kommst du in meinen Schrank?"
5 „Ganz einfach", antwortet sie, „ich habe einen Lokalisator, und nun bin ich hier."
„Ach, na dann", sage ich und tue, als wüßte ich alles.
Plötzlich fängt sie an zu husten und zu röcheln. „Habt ihr hier schon Smog?" fragt sie.
10 „Ja", sage ich, „wir haben Alarmstufe 1."
Sie legt ihre Umhängetasche ab, greift hinein, erschrickt und ...

Manfred Große

Der Montag, an dem Tante Marga verschwand

Es war Montag. Der Tag, an dem Tante Marga verschwand.
Am Nachmittag um vier klingelte es an unserer Wohnungstür.
Ich öffnete. Draußen stand ein kleines Männlein im grauen Arbeitsmantel. Es war kaum größer als ich und hatte einen großen Kasten unter dem
5 Arm.
„Na, endlich macht jemand auf", sagte es mürrisch.
„Ich bringe den bestellten Fernseher."
Ich war verblüfft.
Tante Marga hätte nie und nimmer ein Fernsehgerät bestellt, da war ich
10 mir sicher.
... „Hier unterschreiben!" sagte er noch, wartete, bis ich meinen Namen unten auf einen engbedruckten Zettel gekritzelt hatte, und ging.
Da stand ich nun in meinem Zimmer, und auf meinem Tisch stand ein nagelneues Fernsehgerät.

15 Tante Marga kam montags nie vor fünf nach Hause. Eigentlich eine gute Gelegenheit, den Kasten schon mal zu testen. Wer weiß, ob ich überhaupt jemals fernsehen dürfte, wenn Tante Marga das Gerät erstmal unter Kontrolle hatte!
Ich machte es mir ganz gemütlich, schaltete das Gerät ein, lehnte mich
20 behaglich in meinem Kissensessel zurück und schob mir eine Waffel in den Mund.
Es dauerte auch keine zehn Sekunden, da wurde der Bildschirm hell, und ich sah einen Mann mit gestreifter Krawatte, der Nachrichten vorlas.
„Das Gespräch verlief in sachlicher Atmosphäre. Beide Seiten hätten
25 ihren Standpunkt offen dargelegt, versicherte der Bundeskanzler. Trotz aller Meinungsverschiedenheiten ..."
Hier machte der Mann eine Pause und guckte mich an. Jedenfalls schien es mir so. Wie peinlich: Er hatte offensichtlich seinen Text vergessen! Aufgeregt biß ich in eine Vanille-Waffel.
30 Nach einer Weile räusperte sich der Mann und sagte: „Würdest du bitte endlich aufhören, an diesen Keksen zu knabbern! Du machst mich ganz nervös. Wie soll ich mich da konzentrieren!"
„Meinen Sie mich?" fragte ich erstaunt.
„Wen denn sonst?" fragte er mißgelaunt. „Du könntest einem wenig-
35 stens einen Keks abgeben!"
„Bitte!" antwortete ich und hielt ihm die Packung hin. Er griff aus dem Kasten und nahm sich gleich drei Waffeln auf einmal. Nicht gerade sehr höflich!
Als ich mich dann umdrehte und wieder in meinen Sessel setzen wollte,
40 erschrak ich entsetzlich: Tante Marga stand in der Tür! Ich hatte nicht gehört, daß sie hereingekommen war.
„Unerhört!" schrie sie gleich los. Ich hatte es ja befürchtet. „Fernsehen! Das gibt drei Wochen Puddingentzug! Sofort ausmachen!"
Sie ging zum Apparat und wollte ihn ausschalten. Aber sie drückte den
45 falschen Knopf und landete im anderen Programm. Da sah man gerade zwei Forscher im Tropenanzug zwischen wild bemalten Insulanern, die immerzu trommelten und „King-Kong!" riefen, oder so ähnlich.
Gleich darauf rannte ein riesiger Affe durchs Bild, stutzte, als er Tante Marga sah, und blieb mit freudigem Lächeln stehen. Tante Marga such-
50 te immer noch nach dem richtigen Knopf und beachtete den Affen nicht! Das war ihr Fehler!
Der Riesenaffe faßte durch den Bildschirm, angelte mit seiner Pratze nach Tante Marga, zog sie hinein und ...

nach: Paul Maar

a Erzähle eine der beiden Geschichten weiter!

"Oh, mit den Tips kann ich mir ja selbst helfen!"

Tips für deine Geschichten:

- Was willst du erzählen?
- Wann und wo spielt deine Geschichte?
- Wer spielt die Hauptrolle?
- Notiere deine Erzählschritte!
- Laß deine Figuren erzählen, was sie sehen, hören, riechen und fühlen!
- Laß sie sprechen!

Reizwortkette

1 Messingbett – Rollerskates – Oma

Anfang 1

Als Eva, Florian und Linda einen Besuch bei ihrer Oma machen wollten, blieb ihnen vor Staunen beinahe die Luft weg. Oma saß auf ihrem uralten Messingbett, hatte eine tolle Jeans an, einen Kilometerschal um den Hals und Rollerskates an den Füßen. Auf ihrem Strohhut saß Hansi, ihr Kanarienvogel. „Wollt ihr mitkommen?"
Die Kinder standen da, als wären sie zu Stein erstarrt.

Anfang 2

Es war Sperrmüll. Auf der Straße stand ein altes Messingbett. Plötzlich kam Oma auf Rollerskates daher und drehte eine Kurve. Dann stoppte sie und schaute das Bett an. Es mußte wohl schon lange Zeit auf einem Speicher gestanden haben, denn es war voller Spinnweben.

a Wer spielt im *Anfang 1* die Hauptrolle, wer spielt sie im *Anfang 2*?
b Wer soll die Hauptrolle in *deiner* Geschichte spielen?

Erzählen

2 So ein Durcheinander!

Spinnweben beginnen alle
Die Kinder setzen sich zu Oma aufs Bett
Rollerskates haben einen Antrieb
Das Bett landet auf dem Müll
Gefährlicher Rückflug
Sie betreten ein wunderschönes Schloß
Ausflug auf dem Planeten
Der Zauberknopf wird gedreht
Rettung auf das Bett
Sie landen auf dem Planeten Momuk
Das Bett rast
Rettung vor dem Ungeheuer

So viele Einfälle! Wie soll daraus eine Geschichte werden?

a Aus diesen Erzählschritten kannst du verschiedene Geschichten basteln. Lege die Reihenfolge deiner Erzählschritte fest!
Beispiel:

I	II
Ausflug	Ungeheuer
___?___	___?___
Ungeheuer	___?___
___?___	Ausflug

Erzählschritte — Erzählschritte sind Bausteine für Geschichten. Du kannst sie verschieden aneinanderreihen und damit ganz unterschiedliche Geschichten schreiben.

3 Jetzt wird es spannend!

- „Höchste Zeit, den Momuk wieder zu verlassen!" rief Oma. Mit aller Kraft schoben sie das Bett an, Oma drehte den Knopf nach links, und das Bett raste über die Felsen davon. „Oma! Halt an!" schrien die Kinder ängstlich, aber zu spät. Ein schriller Pfiff ertönte, es wurde tiefdunkel, es krachte, dann war alles still.

- Ein beißender Geruch stieg den Kindern plötzlich in die Nase. Noch ganz benommen schauten sie sich um. „Aber, das darf doch nicht wahr sein, wir sind in der Müllgrube gelandet", stotterte Oma. „Da habe ich wohl den Knopf zu weit nach rechts gedreht", kicherte sie, „aber die Hauptsache ist, daß euch die Reise gefallen hat."

a *Hören, sehen, riechen, fühlen* sind Sinneseindrücke, die eine Geschichte spannend machen.
Welche Sinneseindrücke findest du in den beiden Textausschnitten?

b Verändere beide Textausschnitte, verwende wörtliche Rede!

Beispiel: „Hilf mir doch, das Bett anzuschieben!" schrie Pit.

c Jetzt schreibt jeder seine Geschichte, und wir lesen sie vor!

4 Die Reizwortkiste

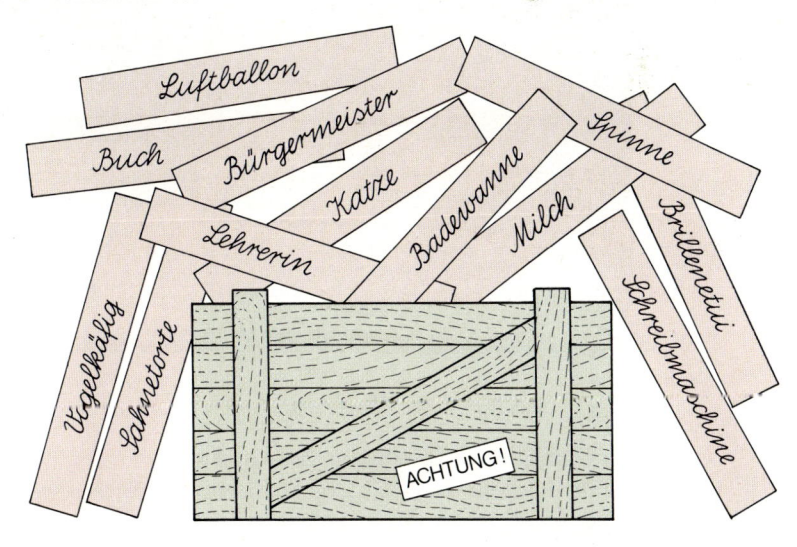

Luftballon, Buch, Bürgermeister, Katze, Badewanne, Spinne, Lehrerin, Milch, Brillenetui, Vogelkäfig, Sahnetorte, Schreibmaschine

ACHTUNG!

a Suche drei oder vier beliebige Wörter aus der Reizwortkiste heraus, und schreibe deine Geschichte!

Traumbilder 1

F.K. Waechter

Die Reise mit dem Flugkissen hat begonnen …

a Erfindet diese Geschichte gemeinsam!
Einer beginnt zu erzählen, nach einigen Sätzen hört er auf. Ein anderer wiederholt den letzten Satz und erzählt dann weiter.

b Erfinde *deine* Traumreise, und schreibe sie auf!

c Lest euch eure Geschichten vor!

2 In der Welt des Wassertropfens

„Eure Füße müssen den Wassertropfen berühren, damit ihr durch die Wasseroberfläche hindurchdringen könnt. Also, haltet euch gut fest, die Reise geht los!"
Das waren die letzten Worte, die Oli und Eva von Professor Stiefel hörten, dann merkten sie, wie sie kleiner wurden, wie das Wasser um sie herum stieg, ...

a Oli und Eva sehen sich staunend um. Erzähle!

b Stell dir vor, du wärst im Wassertropfen!

c „Das kann doch nur ein Traum gewesen sein", dachte Eva. Aber als sie Professor Stiefel anschaute, bemerkte sie, daß auch seine Kleider noch ganz feucht waren.
Da begann Professor Stiefel zu erzählen ...

Schreibe die abenteuerliche *Flucht aus dem Wassertropfen* auf!

3 Die geheimnisvolle Flasche

Max streifte gelangweilt durch den Speicher. Plötzlich fiel sein Blick auf eine geheimnisvolle Flasche. Er ......

a Erzähle, was passiert!

b Dir fällt nichts ein?

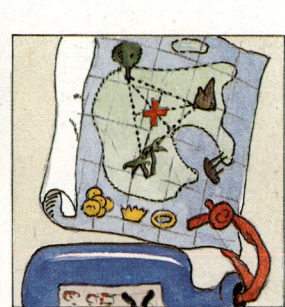

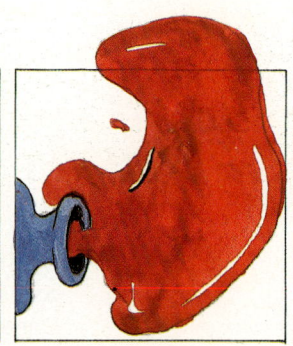

Tip:

Deiner Phantasie sind keine Grenzen gesetzt.
- Vergiß aber nicht!
  - Was willst du erzählen?
  - Wann und wo spielt deine Geschichte?
  - Wer spielt die Hauptrolle?
- Notiere deine Erzählschritte!
- Laß deine Figuren erzählen, was sie sehen, hören, riechen, fühlen!
- Besonders aber: Verrate das Geheimnis nicht zu früh!

Beschreiben

43

6. Mein Heimatort

Informieren: 1
Informationen beschaffen und weitergeben

Nina aus Mannheim   Carl-Philipp aus Waldkirch

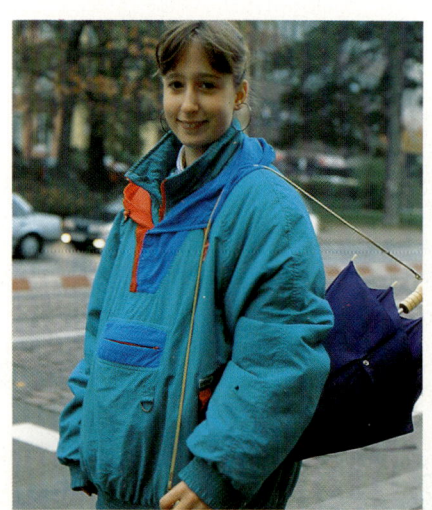

Während des Urlaubs haben sich Carl-Philipp und Nina angefreundet und ihre Eltern gefragt, ob sie sich gegenseitig besuchen könnten. Die Eltern sind einverstanden. Kurze Zeit darauf bekommt Carl-Philipp von Nina Post:

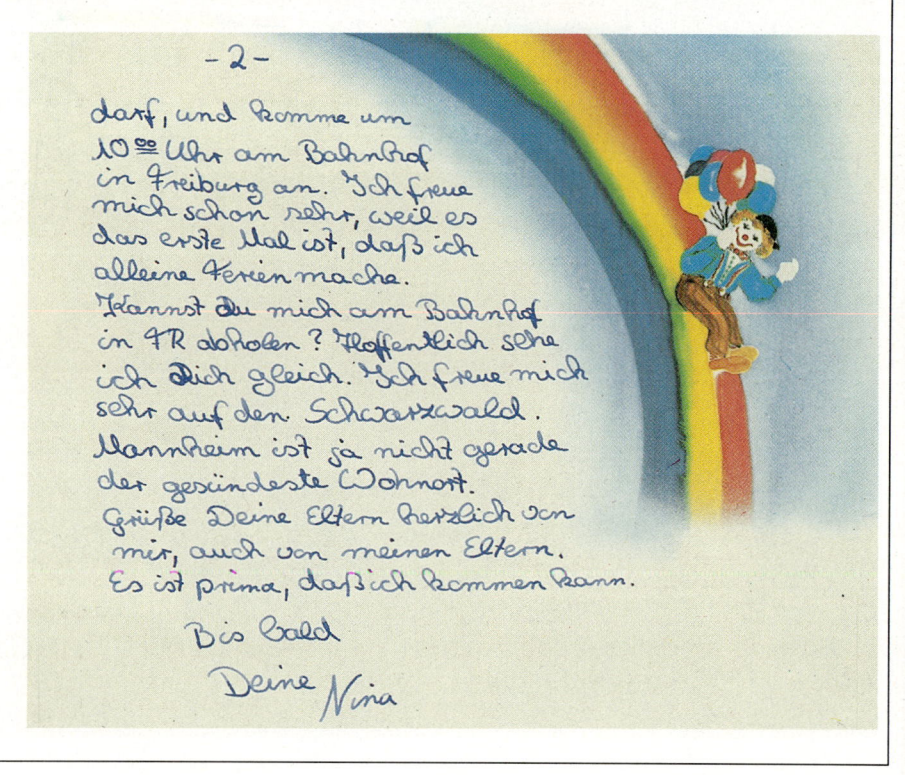

– 2 –

darf, und komme um 10:00 Uhr am Bahnhof in Freiburg an. Ich freue mich schon sehr, weil es das erste Mal ist, daß ich alleine Ferien mache. Kannst Du mich am Bahnhof in FR abholen? Hoffentlich sehe ich Dich gleich. Ich freue mich sehr auf den Schwarzwald. Mannheim ist ja nicht gerade der gesündeste Wohnort. Grüße Deine Eltern herzlich von mir, auch von meinen Eltern. Es ist prima, daß ich kommen kann.

Bis bald
Deine Nina

Sofort beginnen Carl-Philipp und seine Freunde Pläne zu schmieden.

Und ich schlage Squash vor ...

Glaubst du, das interessiert Nina? Lieber eine Radtour ... ... auch toll

... und dann bei gutem Wetter Kajak auf der Wildgutach ...

... Tischtennis spielen auf jeden Fall ...

a Was hältst du von diesen Vorschlägen?

b Du bekommst Besuch; was würdest du mit deinen Freunden/deinen Freundinnen besprechen?

c Wo kannst du interessante Vorschläge finden?

2 Carl-Philipp wohnt in einer Kleinstadt; er will Nina im voraus darüber informieren, was sie unternehmen könnten.

a Carl-Philipp kennzeichnet im Prospekt und im Veranstaltungskalender einiges, was Nina interessieren könnte (Siehe S. 46–48!).
Schreibe es heraus, und vervollständige aus deiner Sicht die Liste!

Beschreiben

Willkommen

Mit einem Tusch begrüßen wir Sie in Waldkirch, der liebenswerten Stadt mit ihrem schönen Marktplatz, kleinen Gäßchen und malerischen Winkeln, überragt vom Wahrzeichen der Kastelburg. Bei einem kleinen Streifzug durch die Berge und weite Wälder umgebe[n] die Stadt. Am Anfang des Stadtgebietes, in einem malerischen Seitental, liegt Suggental. Scho[n] um das Jahr 1100 wurden hier silberhaltige Erze abgebaut. Vo[n] der anderen Talseite herüber grü[ßen]

Erholsam un[d]

Eingebettet in den Kuranlagen liegt der Stadtrainsee. Schwäne und Enten bevölkern ihn ebenso wie die bunten Boote. Eine mächtige Wasserfontäne bietet ein prächtiges Schauspiel. Saftiggrüner Rasen und bunte Blumen erfreuen den Besucher. Mancher läßt sich zu einer geruhsamen Schachpartie verleiten. Auch ein Kneipp'sches Tret- und Armbadebecken bietet sich an.

46 Beschreiben

Waldkirch.
aktiv im Urlaub.

Reger Andrang herrscht im nahen Waldschwimmbad mit seinen großen Liegewiesen.

In unmittelbarer Nähe befindet sich das weitläufige Wildgehege mit seiner heimischen Tierwelt.

Allen, die mehr „aktiven Urlaub" machen wollen, bieten sich unzählige Wandermöglichkeiten, allein oder unter kundiger Führung. Vielfältige Sportmöglichkeiten wie Minigolf, Tennis und eine Reitschule bieten abwechslungsreiche sportliche Betätigung. Alle Sportanlagen befinden sich im Kurgebiet.

Waldkirch sieht auf eine reiche historische Vergangenheit zurück. Heimatbewußtsein und Brauchtum begegnen dem aufmerksamen Gast überall.
Hier war einst das bedeutendste Zentrum des Konzertorgelbaus. Wer kennt sie nicht, die prächtigen Fassaden der großen Orgeln mit den lustigen, kunstvollen Figuren und der typischen und unverkennbaren Musik mit dem Hauch von Kirmes und Jahrmarkt.
Fröhliches Brauchtum pflegen die Narrenzünfte. Holzgeschnitzte Masken der „Bajasse", „Hexen" und „Feuerteufel" sind Kunstwerke Schwarzwälder Bildschnitzer.
Zeugen der Vergangenheit sind die alten Gebäude mit eindrucksvollen Portalen aus Sandstein, schmiedeeisernen Geländern und in Stein gehauenen Wappen ehemaliger Geschlechter.
Bei einem Gang durch unser Heimatmuseum sieht man kostbare sakrale und profane Kunst neben bäuerlichem Hausrat vergangener Zeiten.

Beschreiben

Waldkirch, September 19..

(Aus dem Veranstaltungskalender)

Sa 08.09. 07.30 Uhr Wochenmarkt
10.00 Uhr Sonderfahrt nach Basel
14.00 Uhr Rathaus: geführte Wanderung
18.00 Uhr Ortsteil Suggental: Stollenfest,
Besichtigung der alten Bergwerkstollen

So 09.09. 08.00 Uhr Tageswanderung der Naturfreunde „Rund um das Ibachtal"
09.30 Uhr Ortsteil Suggental: Stollenfest,
Besichtigung der alten Bergwerkstollen
13.00 Uhr Nachmittagsfahrt nach Triberg

Mo 10.09. 10.00 Uhr Verkehrsamt: Gästebegrüßung mit anschließender Stadtführung
14.00 Uhr Verkehrsamt: geführte Radwanderung
(Anmeldung Tel. 34...)
20.00 Uhr Verkehrsamt: Filmvortrag „Alte bäuerliche Arbeitsweisen"

Di 11.09. 13.00 Uhr Fahrt nach Straßburg (Anmeldung Reisebüro ...)
17.30 Uhr Elztalmuseum, Studio: Töpfern für Anfänger
18.00 Uhr Stadion: Sportabzeichen

Mi 12.09. 07.30 Uhr Wochenmarkt
15.00 Uhr Elztalmuseum: Orgelführung

Do 13.09. 10.00 Uhr St. Margaretha-Kirche: Kirchenführung
11.00 Uhr Besichtigung der Edelsteinschleiferei Wintermantel
14.00 Uhr Rathaus: geführte Wanderung
16.00 Uhr Stadtbücherei: Kinderkino:
„Wir pfeifen auf den Gurkenkönig"
18.00 Uhr Stadion: Sportabzeichen
19.00 Uhr Verkehrsamt: Wir basteln Hexen (Anmeldung ...)

Fr 14.09. 14.00 Uhr Verkehrsamt: Geführte Radwanderung
14.30 Uhr Fahrt nach Freiburg, Besuch des Planetariums
18.30 Uhr Kurmittelhaus: Fitneßtraining
19.30 Uhr Foyer der Stadthalle: Tierfilmer im afrikanischen Busch:
„Löwen in der Serengeti"

Sa 15.09. 07.30 Uhr Wochenmarkt
10.00 Uhr In der Allee: Flohmarkt
11.00 Uhr Brauereibesichtigung (Treffpunkt: Hirschenbrauerei)
13.00 Uhr Fahrt nach Furtwangen: Besuch des Uhrenmuseums
20.00 Uhr Tanzpark: Großer Heimatabend

b Carl-Philipp teilt Nina in einem Brief seine Vorschläge mit. Unter anderem schreibt er:

> ... aus dem Urlaub, in dem wir uns kennengelernt haben, weiß ich, daß Du eifrig Tennis spielst. Das werden wir sicher machen, aber bei uns ist noch einiges anderes los...
>
> ... wurden früher Drehorgeln gebaut. Hast Du in Mannheims Straßen schon einmal eine gehört? Eine schöne Sammlung davon..., eben ein bißchen andere Musik..., aber... Und einmalig die Edelsteinschleiferei...

Schreibe den Brief an Nina! Du kannst die vorgegebenen Teile verwenden.

c Sammle ähnliche Unterlagen von deinem Heimatort!

> Tips:
> - einen Prospekt auswerten (markieren, herausschreiben)
> - den Veranstaltungskalender studieren
> - in die Tageszeitung schauen
> - die Telefonansage hören
> - die Stadtbibliothek aufsuchen
> - ...

d Ordne das Material! Mache Vorschläge für einen Regentag und einen Tag bei schönem Wetter!

Regentag:	schönes Wetter:
vormittags: ?	vormittags: - Minigolf
nachmittags: - kegeln	nachmittags: ?
abends: ?	abends: ?

Beschreiben

3 Der Intercity fährt ein

Kurz vor zehn Uhr steigt Nina aus dem Zug. Carl-Philipp holt sie ab. „Im dritten Wagen habe ich dich schon an der Tür stehen sehen." – „Ah, deshalb hast du mich so schnell gefunden." – „Wir müssen uns aber jetzt noch etwas einfallen lassen, denn es gibt keinen direkten Anschlußzug nach Waldkirch."

[Fahrplantabelle 7206: Freiburg (Brsg) ZOB – Waldkirch – Elzach, Montag–Freitag]

[Fahrplantabelle 718: Freiburg – Elzach, Elztalbahn]

a Wann können die beiden nach Waldkirch weiterfahren?

b Sie beschließen, länger in Freiburg zu bleiben.
- Schreibe verschiedene Möglichkeiten auf, wie die beiden nach Waldkirch kommen können!
- Mit welchem Bus ist die Fahrzeit nach Waldkirch am kürzesten?

7. Wir feiern Geburtstag

Wege beschreiben

1 Stephanie lädt ein

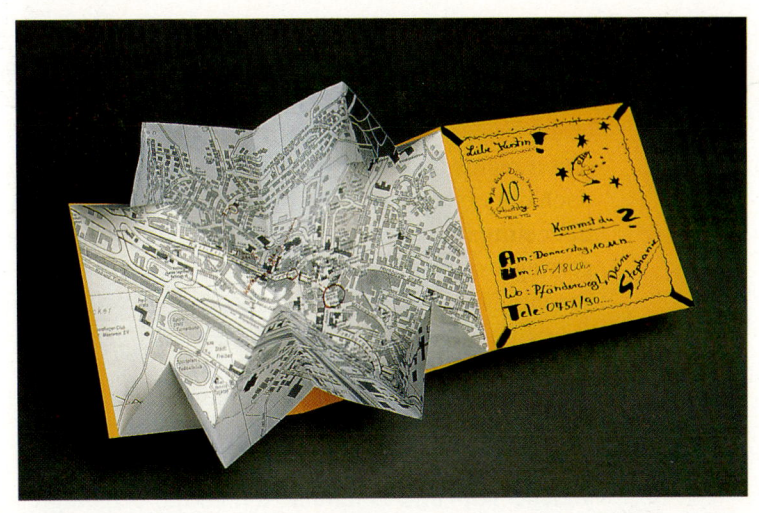

Stephanie ist Schülerin einer Realschule, die auch viele Kinder aus umliegenden Gemeinden besuchen. Mit einigen von ihnen ist Stephanie befreundet. Diese will sie zu ihrem Geburtstag einladen. Da die „Auswärtigen" aber nicht wissen, wo Stephanie wohnt, muß sie ihnen den Weg näher beschreiben. Ihre Einladungskarte zeigt, daß sie schon vorgesorgt hat. In den Stadtplan hat sie den Weg eingezeichnet und mit einigen Informationen versehen:

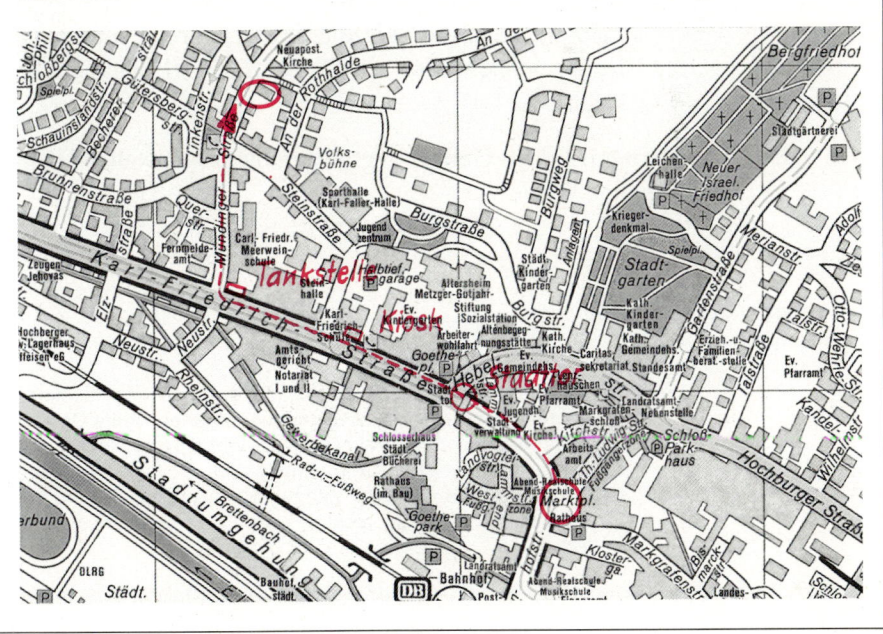

Beschreiben

Dem Plan fügt sie noch folgende Hinweise bei:

„Ich nehme an, daß Du weißt, wo der Marktplatz ist. Von dort fährst Du Richtung Köndringen; nach etwa 300 Meter kommst Du durch das Stadttor. Nun immer geradeaus, vorbei am Kiosk vor dem alten Gymnasium (Karl-Friedrich-Schule) rechts, bis Du zu einer Tankstelle kommst. Nach dieser rechts in die Mundinger Straße, in der wir ja wohnen. Wenige Häuser nach der ersten Straße rechts (Steinstraße) geht ein Fußgängerweg ab, der über einige Treppen zur Parallelstraße führt. Im Haus vor diesem Fußgängerweg wohnen wir."

Stephanie hofft nun, daß sie jeder ihrer Gäste mit diesem Plan und den beigefügten Notizen finden wird.

a Warum legt Stephanie ihrer Einladung sowohl eine Planskizze als auch eine kurze Beschreibung bei?
Stelle Vor- und Nachteile der graphischen Skizze zusammen!
Welche Vor- und Nachteile haben die beigefügten Bemerkungen?

b Stelle in Stephanies Beschreibung alle von ihr angegebenen „markanten Punkte" fest, und notiere sie!
Können diese „markanten Punkte" auch der Planskizze entnommen werden?

c Zeichne eine einfache Skizze deines Schulweges!
– Gib die „markanten Punkte" an, die helfen können, dein Elternhaus von der Schule aus zu finden!
– Zeichne sie in die Skizze ein, und schreibe eine Erläuterung dazu!
– Kennzeichne Stellen, die für Radfahrer/Fußgänger besonders gefährlich sind!

Damit es den Geburtstagsgästen nicht langweilig wird, bereitet Stephanie einige Spiele vor.

Vorgänge beschreiben

2 Auspacken

> Würfelt wieder jemand eine Sechs, gibt der erste das Paket und das Werkzeug an ihn weiter. – Darin sind in verschiedenen Hüllen kleine Geschenke verpackt. – In die Mitte wird ein großes Paket gelegt. – Wer ein Geschenk auspacken kann, darf es behalten. – Die anderen würfeln inzwischen weiter. – Wer zuerst eine Sechs würfelt, fängt mit Hilfe von zwei Zangen an, die Verschnürung aufzuknoten und das Paket auszupacken, aber nicht mit den Fingern nachhelfen.

a „Satzsalat!" – Ordne die Sätze, damit man die Spielanleitung versteht!

b Wie ist diese Spielanleitung aufgebaut, was muß sie beinhalten?

Tips:
- Um was geht es im Spiel (Verlauf? Sieger?)
- Was wird benötigt?
- Wieviel Personen können mitspielen?
- ...

c Schreibe die Verben aus der Spielanleitung heraus, und setze sie in den Infinitiv!

Präsens	Infinitiv
er würfelt	würfeln
...	...

Präsens
→ S. 133

Spielanleitungen stehen im Präsens, weil sie jederzeit gültig sind.

3 Mehlschneiden

... der Spieler, bei dem der Zahnstocher umfällt, muß ein Pfand geben.

Beschreiben 53

a Kläre folgende Punkte:
  – Welche Gegenstände werden für dieses Spiel benötigt?
  – Wieviel Personen können mitspielen?
  – Wie soll das Spiel verlaufen?
  – Nach wieviel Pfändern soll das Spiel enden?

b Schreibe eine Spielanleitung mit folgender Gliederung:
  1. Benötigte Gegenstände
  2. „Aufbau" von Teller, Mehl und Zahnstocher
  3. Spielablauf mit Regeln
     – Wer beginnt?
     – Wer kommt als nächster?
     – ...

4 Einfach, aber reizvoll: Wörter bilden

> Ein Sprachspiel für beliebig viele Spieler
>
> Bücher – Schrank – Tür – Schloß – Turm ... usw.
> 1. Wort   2. Wort   3. Wort   4. Wort

a Welcher Spieler soll jeweils „drankommen"? Welche Möglichkeiten bieten sich hier?

b Was soll mit dem Spieler geschehen, der keine weitere Wortzusammensetzung weiß?
Was soll geschehen, wenn ein Mitspieler ein Wort wiederholt?

c Wer ist Sieger?

d Schreibe eine Spielanleitung, und erfinde für das Spiel einen Namen!

e Ein ähnliches Spiel: Suppengemüse – Gemüsesuppe, Salatkartoffel – ...
Schreibe auch dazu eine Spielregel!

5 Kartoffellauf

a Kläre folgende Punkte:
  – Welche Gegenstände werden für das Spiel benötigt?
  – Wieviel Personen können mitspielen?
  – Wie soll die „Rennstrecke" verlaufen?
  – Mannschaftsspiel oder Paarspiel nach K.o-System?
  – Wer ist Sieger?

b Vereinbart eine Spielanleitung!
  – Unter welchen Bedingungen müssen die Kartoffeln transportiert werden? (Mit ausgestrecktem Arm? Auf einem Fuß? ...)
  – Was soll geschehen, wenn jemandem eine Kartoffel vom Löffel fällt?
  – Wer gewinnt?

c Schreibe eine Spielanleitung!

Beschreiben

6 Wir legen eine Spielesammlung an

> Mehl schneiden
> 1. Anzahl der Spieler: als 3 Personen
> 2. Spielort ...
> 3. Vorbereitung / Materialien
>   - Teller
>   - Mehl
>   - ...
> 4. Spielverlauf:
>   Auf einem Teller wird Mehl so aufgehäuft, daß in der Mitte eine kleine ...

a Warum entscheiden wir uns für eine Spielesammlung in Form einer Kartei?

b Wie ist die Karteikarte für ein Spiel aufgebaut?

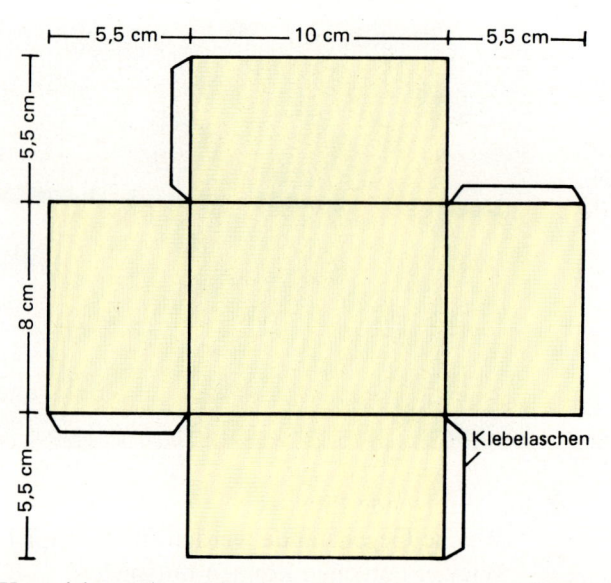

c

Klebelaschen

Für eine Kartei brauchen wir einen Karteikasten aus Pappe. Kartengröße und Karteikastengröße müssen aufeinander abgestimmt sein. Schreibe eine Bauanleitung!

Bücher einbinden
→ S. 64

Tips:

Beschreibungen von Vorgängen sollen genau Auskunft geben über:
● die benötigten Materialien und Werkzeuge
● den genauen Ablauf des Vorgangs
● die Arbeitsschritte
Schreibe die Anleitung im Präsens!

8. Unsere Lieblingsbücher

Informieren: **1** Ein Buch stellt sich vor
Informationen
beschaffen und
weitergeben

Die Reise nach Tamerland

„Emma ist jetzt so zornig, daß sie ihn wütend nachäfft: Man lacht nicht, man weint nicht und man schreit nicht in Tamerland. Warum denn nicht? will sie wissen, habt ihr keine Gefühle?"

Eine ganz unglaubliche Geschichte über das Mädchen Emma, über Tamerland und das Heimweh, das auch Yüksel aus der Türkei hat...

TaschenBuch

DM +007.80

Kinderliteratur

1620
Die Reise nach Tamerland
Mechtel
ab 10

Angelika Mechtel   Kinderliteratur

Die Reise nach Tamerland

a Was verraten Umschlagbild und Titel?
b Welche Informationen gibt die Rückseite?

2 Leseprobe

7. Kapitel

> Emma begegnet blauen Faltenröcken, weißen Blumen und weißen Handschuhen, leistet einen Schwur und denkt am Ende über Autos ohne Räder nach ...

Als ob sie ein Mondkalb wäre! Sie wird angestarrt wie ein Mondkalb oder sonst etwas ganz Unmögliches. Sie ist doch kein Monstrum. Und ei-
5 ne Witzblattfigur ist sie auch nicht. Da sitzen siebzehn tamerländische Kinder vor ihr an den Arbeitstischen in der Klasse und starren sie an. Siebzehn karottenfarbene Haar-
10 schöpfe und vierunddreißig aufgerissene Augen.
Schade, denkt Emma, daß Anstarren nicht bestraft wird. Wenn Anstarren zum Beispiel damit bestraft würde,
15 daß allen Leuten, die andere Menschen anstarren, die Augen ausfallen, dann würden diese siebzehn Augenpaare ganz schnell die Augendeckel herunterklappen, damit ihnen nichts
20 passiert. Gegen Anstarren hilft nur Zurückstarren.
Mal sehen, wer es länger aushält. Emma starrt unbeugsam zurück. Komisch sehen die schon aus.
Emma zählt acht Jungen und neun Mädchen. Alle weißhäutig und karottenfarben. Der eine trägt hellere Karotten auf dem Kopf, der andere dunk-
25 lere. Die Jungen haben kurzgeschnittenes Haar, die Mädchen ordentlich frisierte Pagenköpfe.
Wahrscheinlich gibt es hier in Tamerland so etwas wie eine Schuluniform. Jedenfalls tragen die Mädchen blaue Röcke und weiße Blusen und die Jungen blaue Hosen und weiße Hemden.
30 Auch die Lehrerin trägt einen dunkelblauen Faltenrock mit weißer Bluse. Sie sagt eine ganze Menge, während Emma vor der Klasse steht. Emma wird vorgestellt. Sie ist die Neue. Und außerdem die Fremde. Hier in Tamerland ist sie nicht nur die Neue, hier ist sie fremd. Das weiß sie. Allerdings versteht sie kein Wort. Wie sollte sie auch? Hier wird Tamerisch
35 gesprochen.
Ganz irre sind jedoch die Handschuhe.

Frau Auschau trägt sie und die Kinder auch. Jeder trägt hier dünne weiße Handschuhe. Diese weißen Handschuhe müssen modern sein oder so. Ob sie auch pflegeleicht sind? Wegen der Tintenkleckse. Wie kann man nur so verrückt sein, weiße Handschuhe zu tragen! Und dann auch noch in der Schule, wo man sich doch dauernd die Hände mit Tinte oder Filzstift verschmiert.

Jetzt sagt Frau Auschau anscheinend etwas zu Emmas Kleidung. Emma merkt das am Blick der Mitschüler. Alle Augen richten sich auf ihre Lieblingsjeans und den grauen Wollpullover, den sie heute angezogen hat. Er ist wunderschön: weich und ordentlich ausgeleiert. Außerdem gibt es ihn nur ein einziges Mal auf der Welt, weil Inge ihn für Emma letztes Weihnachten gestrickt hat, und Emma hat eigenhändig mit gelber Wolle vorn auf die Brust eine große strahlende Sonne aufgestickt.

Sie werden doch nichts gegen meine Kleidung haben? denkt Emma.

Frau Auschau ruft eines der Mädchen nach vorn. Sie ist groß und stämmig. Alle Tamerländer scheinen groß und stämmig zu sein. Die erwachsenen Männer müssen mindestens einsneunzig und die Frauen auch etwa einsachtzig messen, denkt Emma.

Aussa, sagt Frau Auschau und deutet auf das Mädchen, Aussa!

Dumm ist Emma nicht. Sie begreift, daß dieses Mädchen Aussa heißt. Obwohl sie wahrscheinlich auch erst zehn ist, reicht Emma ihr nur bis zur Schulter. Sie wirkt ein bißchen hochnäsig.

Guten Tag, Aussa! sagt Emma auf deutsch und streckt ihr die Hand hin. Schließlich gibt man sich in Deutschland zur Begrüßung die Hand. Vielleicht ist Aussa die Klassensprecherin und wird ihr vorgestellt, damit sie sich um sie kümmert? Sie hat sich damals auch um Yüksel gekümmert.

Aussa nimmt Emmas ausgestreckte Hand nicht. Ja, sie sieht sogar so aus, als sei sie erschreckt, weil Emma ihr die Hand geben möchte.

Frau Auschau schüttelt den Kopf und berührt Emmas Arm, drückt ihn sanft zur Seite, schüttelt noch einmal den Kopf.

Gibt man sich in Tamerland nicht die Hand? Andere Länder, andere Sitten, heißt die Redensart.

Wahrscheinlich ist es wirklich nicht üblich, sich in Tamerland mit Handschlag zu begrüßen, aber deswegen muß Aussa doch nicht so ein erschrecktes Gesicht machen. Schließlich wollte Emma ihr nicht die Augen auskratzen. Sie wollte nur höflich sein.

Dann eben nicht, murmelt Emma auf deutsch. Ganz bestimmt versteht hier niemand Deutsch. Sie zuckt die Achseln. Es wird nicht leicht sein in dieser Klasse.*

Angelika Mechtel

---

* In diesem Buch ist die wörtliche Rede nicht gekennzeichnet.

a Wie verhalten sich die tamerländischen Schüler gegenüber Emma?

b Was empfindet Emma vor der fremden Klasse?

c Emma ist „nicht nur die Neue, hier ist sie fremd" (Z. 33). Erkläre diese Textstelle!

d Welche Schwierigkeiten werden sich für Emma wohl noch ergeben?

Wir stellen Bücher vor

3 Jan hat das Buch „Die Reise nach Tamerland" gut gefallen. Begeistert erzählt er seinen Mitschülern:

„Ich habe vor kurzem ‚Die Reise nach Tamerland' gelesen. Das fand ich unheimlich gut. Ich dachte ja nicht, daß Emma dort solche Schwierigkeiten haben würde. Na ja, dieses Tamerland ist schon ein komisches Land. Emma kann jedenfalls den Yüksel später gut verstehen. Das Karottenmännchen fand ich besonders gut. Das Buch ist nicht teuer. Lest es doch mal selbst! Mich hat es jedenfalls richtig gefesselt."

a Jans Mitschüler sind ratlos.
Peter fragt: „Wer hat das Buch geschrieben?"
Anna möchte wissen: „Warum ist Tamerland ein komisches Land?"
Welche Fragen haben sie noch an Jan? Stellt sie zusammen!

b Petra stellt „Die Reise nach Tamerland" so vor:
„Das Buch ‚Die Reise nach Tamerland' von Angelika Mechtel ist in einem Taschenbuchverlag erschienen. Es ist für Kinder ab 10 Jahre geschrieben und kostet 7,80 DM.
In diesem Buch handelt es sich um Emma, die nach Tamerland kommt und nun versucht, sich hier einzuleben. Dabei ergeben sich viele Schwierigkeiten. Und wie es in der Schule zugeht, das möchte ich euch jetzt vorlesen."

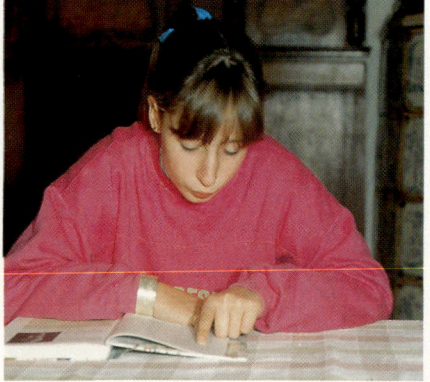

4

a Petra und Claudia lesen aus ihrem Buch vor.

Welchem der beiden Mädchen wird die Klasse lieber zuhören?
Begründe!

b Um den Text wirkungsvoll vorlesen zu können, hat sich Petra mit einem Bleistift einige Zeichen in den Text gemacht, die ihr beim lauten Lesen helfen sollen.

Frau Auschau ruft eines der Mädchen nach vorn. Sie ist groß und stämmig. Alle Tamerländer scheinen groß und stämmig zu sein. Die erwachsenen Männer müssen mindestens einsneunzig / und die Frauen auch etwa einsachtzig messen, // denkt Emma.
Aussa, // sagt Frau Auschau und deutet auf das Mädchen, // Aussa! Dumm ist Emma nicht. Sie begreift, // daß dieses Mädchen Aussa heißt. Obwohl sie wahrscheinlich auch erst zehn ist, / reicht Emma ihr nur bis zur Schulter. Sie wirkt ein bißchen hochnäsig.
Guten Tag, Aussa! // sagt Emma auf deutsch / und streckt ihr die Hand hin. Schließlich gibt man sich in Deutschland zur Begrüßung die Hand. Vielleicht ist Aussa die Klassensprecherin und wird ihr vorgestellt, / damit sie sich um sie kümmert? Sie hat sich damals auch um Yüksel gekümmert. Aussa nimmt Emmas ausgestreckte Hand nicht. Ja, // sie sieht sogar so aus, / als sei sie erschreckt, / weil Emma ihr die Hand geben möchte.

/ = kurze Sprechpause
// = lange Sprechpause
• = betontes Wort
⁓ = Stimme heben
— = Stimme senken

Probiere nun Petras „Lesehilfen" aus!
Warum hat sie den Text gerade so gekennzeichnet?

So stelle ich ein Buch vor:
- den Buchumschlag auswerten
- den Inhalt formulieren
- eine Leseprobe vorbereiten
  Ich achte dabei auf – deutliche Aussprache
  – Pausen an den richtigen Stellen
  – langsames und schnelles Lesen
  – Lautstärke und Tonhöhe
  – Blickkontakt mit den Zuhörern

Tips!

c Stelle ein Buch deiner Wahl vor!

Beschreiben

5

Denise, Kl. 6c, stellt vor:

Erich Kästner

Das doppelte Lottchen

Ich finde das Buch toll, weil in dem Buch erzählt wird, wie die Kinder sich fühlen.
In dem Buch geht es um zwei Mädchen, die getrennt wurden, weil die Eltern geschieden sind.
Die beiden Geschwister sind Zwillinge und wollen, daß die

Verlag Cecilie Dressler

Preis 14,80 DM

ab 12

Eltern wieder zusammenkommen. Weil sie dies schaffen wollen, stellen sie viel Unsinn an.
Ob es gelingt, verrate ich nicht.

Das muß man selber lesen!

Lesen macht Spaß

Nur für Bücherwürmer

Leseratten bitte hier

a Ihr könnt auch für Leseratten ein Buch oder einen Katalog zusammenstellen, wobei jeder Schüler eine Seite gestaltet!

6 Unsere Klassenbücherei

„Wie wär's, wenn wir eine richtige Bücherei in unserer Klasse einrichten würden?"

„Das wäre prima", ruft Anne, „dann kann jeder seine Lieblingsbücher mitbringen und sie der Klasse zur Verfügung stellen!"

„Aber bevor sie ausgeliehen werden, müssen wir noch einiges klären!" meint Peter.

a Was mußt du noch überlegen?
– die Bücher einbinden
– ...
– ...

Buchkarten anlegen

7 Das Anlegen von Buchkarten ermöglicht euch eine bessere Übersicht.

Robert Louis Stevenson: Die Schatzinsel

Entleiher:	entliehen am:	zurück am:
1.		
2.		
3.		
4.		
5.		
6.		

Vorderseite

Dieses Buch gehört:

Das Buch ist ein Abenteuerroman. Jim Hawkins, 17 Jahre alt, will den Schatz des Piratenkäptens Flint finden. Er beschafft sich ein Schiff. Zu seiner Mannschaft gehören jedoch Piraten, die ihn töten und den Schatz bergen wollen.

Rückseite

a Wie ist die Buchkarte angelegt?

b Schreibt zu jedem Buch eine Karte!

c Welche Büchereien gibt es in eurer Umgebung?

Beschreiben

Vorgänge **8**
beschreiben
→ S. 52 ff., 64 f.

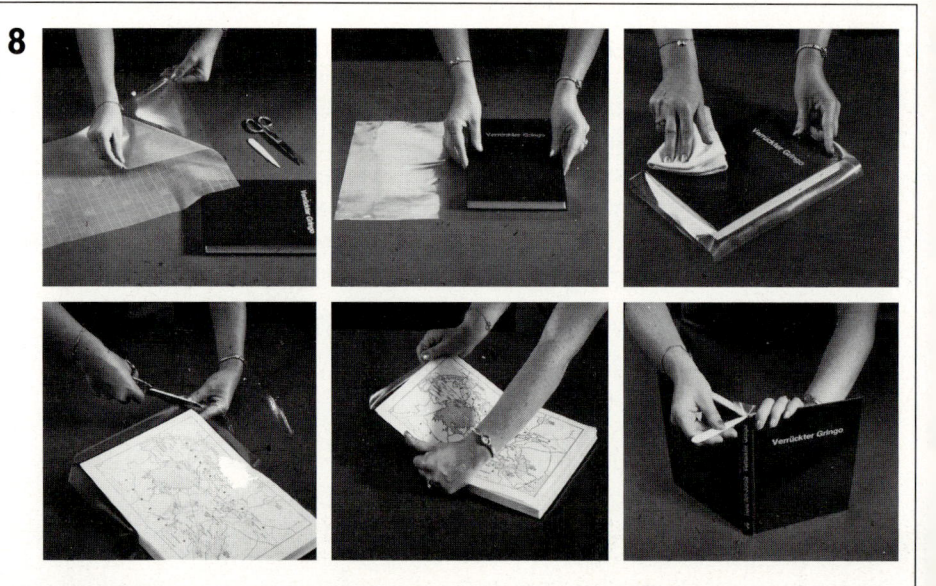

a Um die Bücher zu schützen, könnt ihr sie in Klarsichtfolie oder Papier einbinden!

9 In der Bücherei

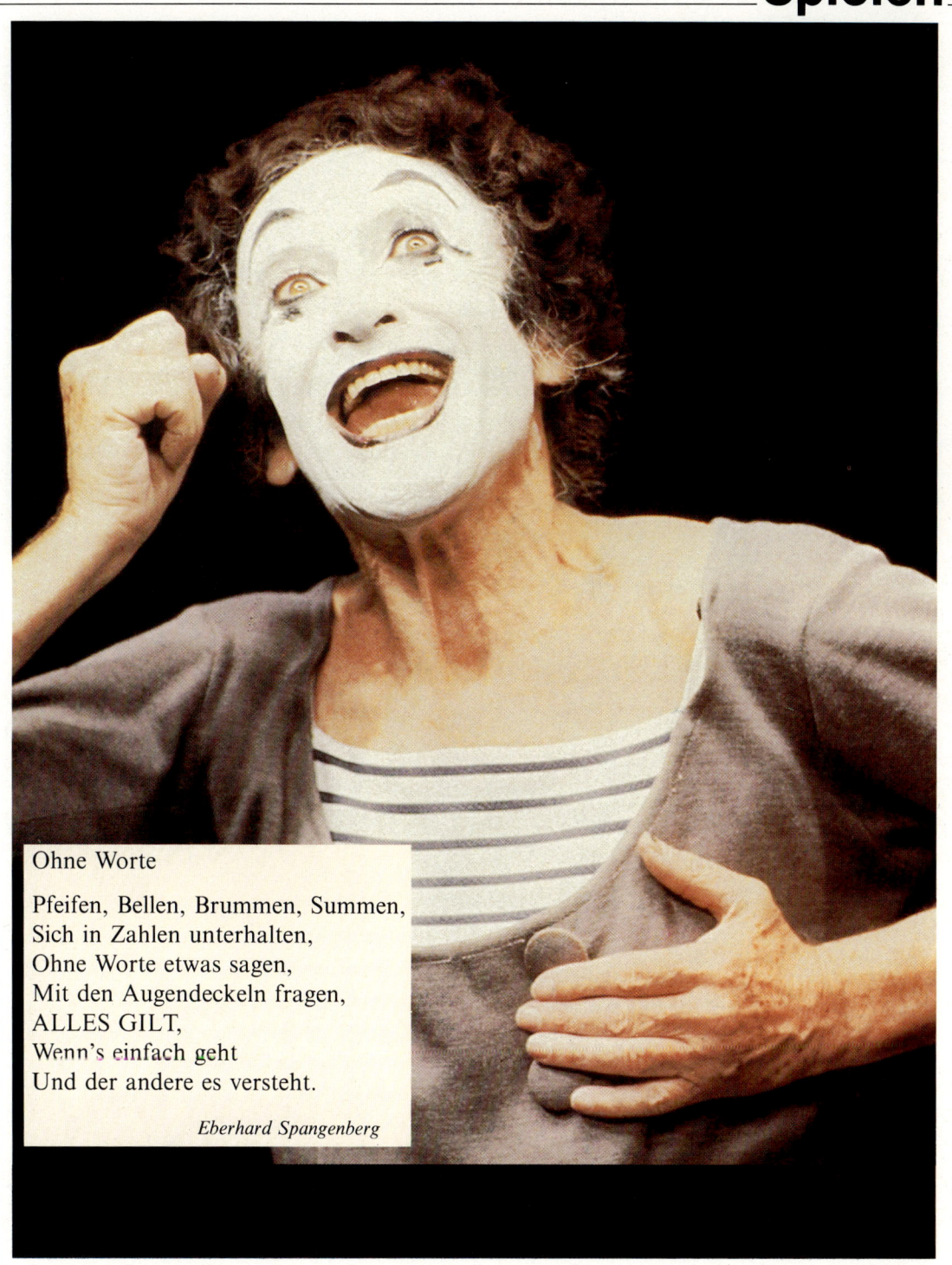

Spielen

Ohne Worte

Pfeifen, Bellen, Brummen, Summen,
Sich in Zahlen unterhalten,
Ohne Worte etwas sagen,
Mit den Augendeckeln fragen,
ALLES GILT,
Wenn's einfach geht
Und der andere es versteht.

Eberhard Spangenberg

9. Spielen ohne Worte

Pantomime 1
Gefühle zeigen und erkennen

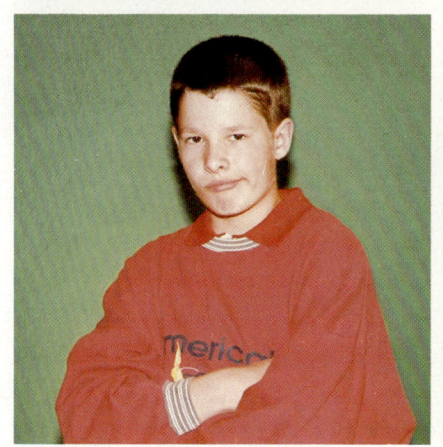

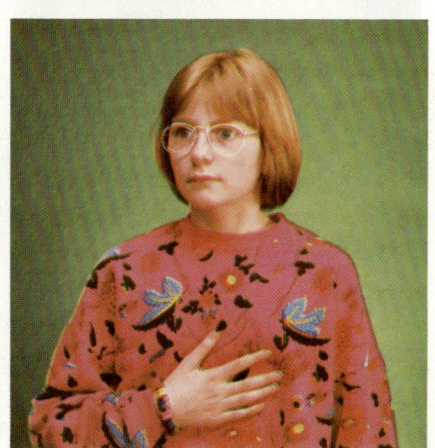

a Welche Gefühle verraten die Gesichter?

b Laß dein Gesicht erzählen:
- Du bist ängstlich,
- du bist unheimlich stolz,
- du bist wütend,
- ...

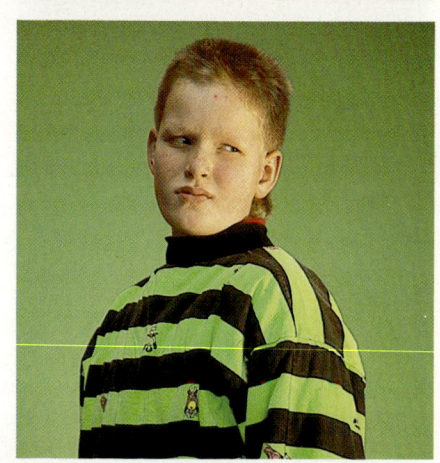

2

a Was erzählen Körperhaltung und Gesichtsausdruck?

b Erzähle selbst durch dein Verhalten:

- Du wartest ungeduldig auf den Bus,
- du versuchst, einen Faden einzufädeln,
- du siehst eine gruselige Szene in einem Film,
- du liest in der Zeitung – zunächst eine betrübliche Nachricht, dann eine belustigende Anzeige.

Szenen proben **c** Denkt euch weitere Situationen aus!

> **Spielregel:**
> Einer spielt ohne Worte vor. Wer als erster die richtige Lösung nennt, darf seine Geschichte vorspielen.
> Wenn niemand die Lösung findet, könnt ihr Verbesserungsvorschläge vorbringen und sie im Spiel erproben.
> Beobachtet die Spieler genau, und gebt ihnen Anweisungen:
> – Schlag die Hände vor das Gesicht!
> – Reiß deine Augen auf!
> – Zieh deine Mundwinkel nach unten!

Aufforderungssatz → S. 159, 162

d Sammle weitere Wörter und Redewendungen, mit denen du Gefühle bezeichnen kannst! Beispiele:
- sich vor Wut die Haare raufen
- erstaunt die Augen aufreißen
- verächtlich die Nase rümpfen
- …

Spielen 67

Szenen gestalten **3** Pantomime

Ihr könnt jetzt ganze Geschichten ohne Worte darstellen.
Dieses Spiel ohne Worte nennen wir Pantomime.

a Einige Spielmöglichkeiten:
– Du schälst eine Banane und ißt sie ...

– Du gehst mit deiner Freundin/deinem Freund spazieren. Es ist heiß. Ihr seht einen Eiswagen ...
– Im Wartezimmer eines Zahnarztes. Du hast starke Schmerzen. Da sind mehrere Leidensgenossen ...
– Du sitzt in der Bahn. Der Schaffner kontrolliert die Fahrscheine. Wo steckt bloß die Fahrkarte? ...
– Du bist beim Angeln. Es ist sehr heiß. Bremsen suchen dich heim. Im Wasser rührt sich nichts. Da plötzlich ...
– Du liest ein spannendes Buch. Eine dicke Fliege setzt sich mitten auf eine Buchseite. Du verscheuchst sie, aber sie kommt immer wieder angebrummt ...

10. Theater, Theater …

Einen Prosatext nachspielen

1 Eulenspiegel und der Pfeifendreher

In Lüneburg wohnte ein Pfeifendreher oder Drechsler[1], der auch lange Zeit ein Landfahrer gewesen war und ein Wanderleben geführt hatte. Dieser vermaß[2] sich, käme Till nur nach Lüneburg, so wollte er ihn prellen[3], daß es eine Art habe. Als nun der kühne Mann eines Abends im „Springenden
5 Roß" beim Bier saß, kam Eulenspiegel wirklich, und weil er eine fröhliche Gesellschaft beisammen fand, blieb er dort. Da lud ihn der Pfeifendreher, der ihn äffen wollte, zu Gaste und sprach: „Kommt morgen mittag zu mir und eßt mit mir, wenn Ihr könnt!" Eulenspiegel sagte zu. Als er aber am andern Tag hinging, fand er des Drechslers Haustür verschlossen, und alle
10 Fenster waren auch zu.

Till ging vor der Tür auf und ab, bis es Nachmittag ward, aber das Haus blieb zu. Da merkte er, daß man ihn zum Narren gehabt hatte, ging davon und schwieg still bis zum andern Tag.

Der Zufall wollte es, daß Till dem Pfeifendreher am nächsten Vormittag auf
15 dem Markte begegnete. Er sprach ihn an: „Sieh, wackerer Mann, pflegt Ihr Gäste zu laden und geht selber aus und macht ihnen die Türe vor der Nase zu?"

„Meister Till", erwiderte der Drechsler, „Ihr habt wohl nicht recht zugehört, als ich Euch bat. Ich sagte: ‚Kommt morgen mittag zu mir und eßt mit
20 mir, wenn Ihr könnt!' Nun fandet Ihr die Türe verschlossen, da konntet Ihr freilich nicht hineinkommen."

„Habt Dank für die Lehre!" sprach Eulenspiegel. „Ja, ja, man lernt im Leben niemals aus, und jeder neue Tag bringt neue Weisheit."

Der Pfeifenmacher lachte und sprach: „Meister, ich will Euch nicht wieder
25 zum besten haben. Geht jetzt in mein Haus, die Tür steht offen, und in der Küche wird gesotten und gebraten!" Till machte Einwendungen, weil er kein Festkleid anhatte, allein der Drechsler ließ das nicht gelten und sagte: „Ihr sollt heute der einzige bei Tisch sein, da braucht Ihr kein Festkleid. Geht nur voraus, ich will bald nachkommen, denn ich bin hungrig." Eulen-
30 spiegel dachte: „Das wird gut", ging eilig ins Haus des Pfeifendrehers und fand alles, wie der gesagt hatte: Die Magd stand am Feuer und wendete den Braten, und die Frau ging herum und richtete an. Till trat ins Haus und sagte zu der Frau:

„Mich schickt Euer Eheherr, dem auf dem Markt ein großer Fisch, ein
35 Stör, geschenkt ward, und läßt Euch durch mich sagen, Ihr sollt schnell mit der Magd kommen und ihm tragen helfen. Eilt nur flugs, wie Ihr geht und

---
[1] Handwerker, der Möbel mittels Drehbank und Schneidwerkzeugen herstellt
[2] sich erkühnen, sich erdreisten
[3] betrügen, hereinlegen

steht, ich will wohl den Braten so lange wenden." Die Frau sagte: „Ja, lieber Eulenspiegel, das tut. Ich will mit der Magd gehen und bald wieder hier sein."

40 Also gingen die beiden Frauen auf den Markt. Als ihnen unterwegs der Pfeifendreher begegnete, fragte er sie, was sie zu laufen hätten. Sie antworteten, Eulenspiegel sei zu ihnen ins Haus gekommen und habe ihnen schon alles erzählt; jetzt wollten sie den Stör holen, und der Herr möge ihnen nur geschwind sagen, wo der Fisch liege.

45 „Der Stör, welcher Stör?" fragte der Drechsler verwundert.

„Nun, der Stör, der Euch geschenkt ward und den wir heimtragen sollen", antworteten die beiden Frauen.

Da wurde der Pfeifendreher zornig und rief: „Hättet ihr nicht im Hause bleiben können, wo ihr hingehört? Das hat Eulenspiegel euch mit Absicht
50 vorgeredet, und es steckt eine Schalkheit dahinter."

Unterdessen hatte Eulenspiegel das Haus verschlossen, und als der Drechsler mit seiner Frau und der Magd kam, fanden sie die Türe zu. „Da siehst du nun, was für einen Stör du holen solltest!" sagte der Mann ärgerlich und klopfte gegen die Tür. Till steckte seinen Kopf zum Fenster hinaus und
55 sprach: „Laßt Euer Klopfen, es kommt niemand herein. Der Herr dieses Hauses hat mir gesagt, ich soll heute der einzige bei Tische sein. Geht nur und kommt nach dem Essen wieder!"

„Das ist wahr, ich hab's ihm gesagt", murmelte der Pfeifenmacher in den Bart, „aber ich meinte es anders. Nun, laßt ihn essen; glücklich ist, wer
60 vergißt, was nicht mehr zu ändern ist." Darauf ging er mit seiner Frau und der Magd ins Nachbarhaus und wartete dort so lange, bis es Till gefiel, den Platz wieder zu räumen. Das gefiel Eulenspiegel aber noch lange nicht, denn er dachte: „Wurst wider Wurst. Du hast mich gestern warten und hungern lassen, mag dir heute der Magen knurren."

65 Also richtete Eulenspiegel das Essen vollends zu, deckte den Tisch und aß sich satt. Daß er sich dabei keiner besonderen Eile befleißigte, kann sich wohl jedermann denken. Als er endlich fertig war, schloß er die Türe wieder auf und ließ sie offenstehen. Da kam auch bald der Pfeifenmacher herbei und sprach zu Till: „Wie du an mir gehandelt hast, pflegen wackere Leute
70 nicht zu handeln."

Eulenspiegel antwortete: „Weshalb sollt' ich mit anderen etwas tun, was ich allein ausrichten kann. Selber essen macht fett, und wenn ich der einzige Gast sein soll, ziemt es mir nicht, andere mitessen zu lassen."

Mit diesen Worten verließ Till das Haus. Nachdem er im „Springenden
75 Roß" erzählt hatte, wie er dem Drechsler seine Schalkheit vergolten, zog er aus der Stadt Lüneburg fort.

Georg Paysen-Petersen

a Auf welche Weise hat Till dem Pfeifendreher „seine Schalkheit vergolten"?

b Lest die Geschichte mit verteilten Rollen vor!
An welchen Stellen kommt es zu Auseinandersetzungen zwischen den Personen?

2 Szenen auswählen

Wir wollen eine oder zwei Stellen als Szenen für ein Spiel vom listigen Eulenspiegel bearbeiten.

a Welche Figuren sollen in der Szene auftreten?
Wo soll die Szene spielen?

b Probiert im Spiel aus, wie die Figuren sich verhalten!

3 Der Spieltext

Wir schreiben den Text so um, daß er als Spielvorlage geeignet ist.
Beispiel:

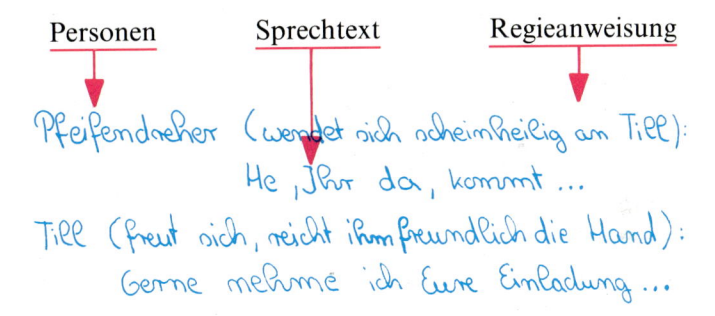

Personen   Sprechtext   Regieanweisung

Pfeifendreher (wendet sich scheinheilig an Till):
　　He, Ihr da, kommt ...
Till (freut sich, reicht ihm freundlich die Hand):
　　Gerne nehme ich Eure Einladung ...

a Schreibt den Spieltext für eure Szenen!

b Sammelt alle Hinweise im Text,
– welche Gegenstände (Requisiten),
– welche Kleidungsstücke,
– welche Kulissen
für das Spiel benötigt werden! Legt dafür einen Stichwortzettel an!

c Probt jetzt die Szenen einzeln durch!
– Wer übernimmt die Spielleitung (Regie)?
– Beim Proben entstehen neue Spielideen. Diese werden in die Spielvorlage eingearbeitet.

　　Beispiel: Soll ein Erzähler in das Stück einführen und den Zusammenhang erzählen?

4 Wir laden unsere Eltern ein

Die Klasse 5 hat mit Begeisterung geprobt und ein Programm vorbereitet. Wahre Künstler befinden sich unter den Jungen und Mädchen. Nun sollen die Eltern, Verwandten und Freunde eingeladen werden.

Eine Einladung schreiben

a Welche Punkte muß die Einladung enthalten?
Schreibe sie auf! Diskutiert und begründet eure Vorschläge!

b Was soll von dem vorbereiteten Programm auf der Einladung bekannt gemacht werden?

5 Das Einladungsschreiben zur Aufführung

Liebe Eltern und Freunde!
Wir laden Euch herzlich ein zu einem Klassenabend. Das soll ein toller Abend werden. Wir spielen Theater und Rätselscharaden. Wir singen auch schöne, lustige Lieder, und Ihr dürft sogar mitspielen und mitsingen.
Herzliche Grüße
Eure Klasse 5 der Helmholtz-Realschule

a Macht Verbesserungsvorschläge!

b Schreibt eine Einladung, die alle wichtigen Informationen enthält, die Eltern neugierig macht und sie zum Kommen anregt!

Rechtschreiben

Lateinische Ausgangsschrift

a b c d e f g h i j
k l m n o p q u r s
ß t u v w x y z
ä ö ü (. , ; : " - ! ?)
A B C D E F G H I J
K L M N O P Qu R
S T U V W X Y Z
Ä Ö Ü

Kläffer

Wir reiten in die Kreuz und Quer
nach Freuden und Geschäften;
doch immer kläfft es hinterher
und bellt aus allen Kräften.

So will der Spitz aus unserm Stall
uns immerfort begleiten.
Und seines Bellens lauter Schall
beweist nur, daß wir reiten.

J. W. von Goethe

1. Tips und Arbeitshilfen

Schriftbild **1** Ein Text – zwei Schriften

> Es war im Spätherbst. Ich wollte
> draußen spielen. Als ich die
> Treppe hinunterstieg, fand ich im
> Hausflur eine halbverhungerte ...

> ... Hummel auf dem Boden
> liegen. Ich trug sie sofort in die
> Wohnung, machte ihr
> ein Zuckerwasser und
> setzte es ihr vor. Sie
> begann eifrig daran
> zu lecken.

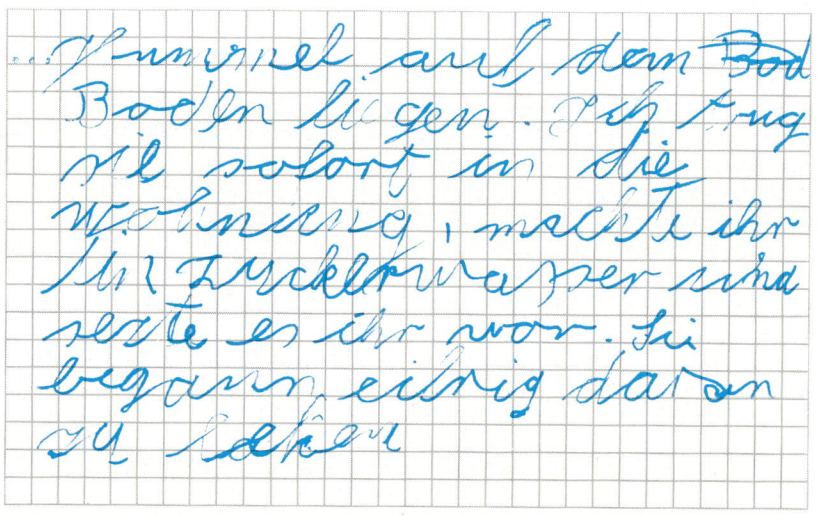

a Beide Textteile enthalten je zwei Rechtschreibfehler.

b Weshalb sind im zweiten Textteil die Fehler sehr schwer zu erkennen?

Deutliches Sprechen und konzentriertes Zuhören

2 Aufmerksames Zuhören ist wichtig, um gute Rechtschreibfähigkeiten zu erwerben.

a Welche Laute und Lautgruppen kann man sehr leicht verwechseln, welche sind deutlich zu unterscheiden?

Kasus
→ S. 168

Beispiele:
an eine<u>m</u> schöne<u>n</u> Tag,
bei meine<u>m</u> beste<u>n</u> Freund,
in eine<u>m</u> große<u>n</u> Dorf

3 Jean Craighead George erzählt in ihrem Buch „Julie von den Wölfen" von Miyax, einem dreizehnjährigen Eskimomädchen, das sich in der Tundra verirrt hat. Seine einzige Überlebenschance besteht darin, sich einem Rudel Wölfe anzuschließen. Im folgenden Textausschnitt wird erzählt, wie es sich einen Schlitten anfertigt.

Partnerdiktat

Als sie gefrühstückt hatte, zerschlug Miyax das Eis, das sich über dem Loch im Teich neu gebildet hatte. Nun konnte sie das kreisrunde Hautstück aus dem Wasser ziehen. Es hatte sich vollgesogen, und sie legte es auf den gefrorenen Boden. Mit Hilfe des Jagdmessers bog sie die Hautränder hoch und band sie fest. Noch während das Gebilde an der Luft gefror, sprang sie hinein und trampelte darin herum, bis es die Form einer Schüssel annahm.

* Mit dem Messer schnitt sie zwei Löcher in eine der Seiten, zog Lederriemen durch und band sie zusammen. Als nächstes nahm sie zwei Hautstreifen aus dem Eiswasser und hielt sie in einer bestimmten Lage, während sie am Boden der ledernen Schüssel festfroren. Sie hatten nun die Gestalt von Kufen. Miyax stand auf. Ihr Schlitten war fertig. Sie hatte noch eine Menge zu tun, wozu sie Tageslicht brauchte. Und weil der Tag nun kurz war, mußte sie flink sein.

nach: Jean Craighead George

Tips zum Partnerdiktat:
- Zunächst lest ihr dem Partner einen vollständigen Satz vor.
- Im Anschluß daran diktiert ihr ihm einen Teil des Satzes nach dem andern.
  Der vollständige Satz wird erneut vorgelesen.
- Danach folgt der nächste Satz.
- Beim *-Zeichen wechselt ihr die Rollen.
  Wer diktiert hat, schreibt nun.
- Wenn der Partner einen Fehler macht, sollte man ihm einen Hinweis geben.

Rechtschreiben

Abschreiben **4** Abschreiben?

Auch das Abschreiben kann eine Hilfe beim Lernen sein. Wenn du dir selbst Aufgaben ausdenkst, die das Abschreiben etwas schwieriger machen, erzielst du gute Übungserfolge. Aufgabenbeispiele:

a Schreibe aus dem Text 3 alle Wörter mit Doppelkonsonanten heraus!

Beispiel: hatte, Wasser ...

Substantiv **b** Schreibe alle Substantive heraus, und setze den bestimmten Artikel davor!
→ S. 118 ff.

Beispiel: das Eis, das Loch, der Teich ...

c Präge dir einen Satz aus dem Text ein, schreibe ihn dann auswendig auf!

5

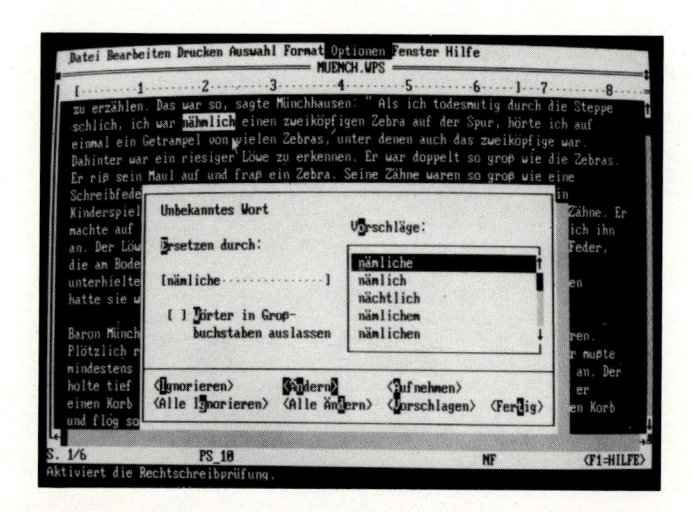

Woher weiß der Computer, daß *nämlich* falsch geschrieben ist?
Er vergleicht den Text auf dem Bildschirm Wort für Wort mit einer Wörterliste in seinem Speicher. Wenn er ein Wort findet, das nicht in seiner Liste enthalten ist, sucht er eines, das ähnlich aufgebaut ist. Dann fordert er den Schreiber auf, selbst zu entscheiden, welche Schreibweise die richtige ist. Du bist viel schlauer als ein Computer! Wenn du das Wort *nämlich* überprüfst, denkst du wahrscheinlich an *Name*.

a Suche nach weiteren Wörtern, die mit *Name* verwandt sind!

b Welche Wörter findest du unter dem Stichwort *Name* im Wörterbuch?

Wortfamilie | Wörter mit einem gemeinsamen Stammwort kann man zu einer **Wortfamilie** zusammenfassen.
→ S. 143 ff.

6 Weil die Wörterlisten im Computer sehr viel Speicherraum belegen, sind sie häufig auf kleinen Scheiben (Disketten) gespeichert; man muß sie für die Rechtschreibprüfung in den Computer einlegen. Solche (aber sehr viel umfangreichere) Wörterlisten gibt es schon lange: die Wörterbücher.

Wörterbuch

127		Metzgerei

die **Meile;** der **Meilenstein; meilenweit;** aber: zwei Meilen weit
der **Meiler** (Holzstoß zur Gewinnung von Holzkohle)
mein; mein ein und mein alles; ↑dein
der **Meineid;** *Trennung:* Mein|eid; **meineidig;** *Trennung:* mein|ei|dig
meinen; du meinst, er meint, er meinte, er hat es gut mit ihm gemeint **meinerseits; meinetwegen**
die **Meinung;** die **Meinungsumfragen;** die **Meinungsverschiedenheit**
die **Meise**
der **Meißel;** die **Meißel; meißeln;** du meißelst, er meißelt, er meißelte, er hat die Inschrift in den Grabstein gemeißelt, meißle die Inschrift!
meist; am meisten; die meisten glauben, daß ...; das meiste ist bekannt; **meistbietend;** etwas meistbietend verkaufen, versteigern; **meistens; meistenteils**
der **Meister; meisterhaft; meistern;** du meisterst, er meistert, er meisterte, er hat alle Schwierigkeiten gemeistert, meistere dein Schicksal!; die **Meisterschaft**
Mekka (Stadt in Saudi-Arabien)
der **Mekong** [*mekong,* auch: *mekong*] (Fluß in Südostasien)
die **Melancholie**[*melangkoli*] (Schwermut); die Melancholien; *Trennung:* Me|lan|cho|lie; **melancholisch;** *Trennung:* me|lan|cho|lisch
melden; du meldest, er meldet, er meldete, er hat einen Erfolg gemeldet, melde ihn!; sich melden; er hat sich bei der Polizei gemeldet; die **Meldung**
melken; du melkst, er melkt, er melkte, er hat die Kuh gemolken und gemelkt, melke die Kuh!; frisch gemolkene Milch
die **Melodie;** die **Melodien; melodisch**
die **Melone** (ein Kürbisgewächs)
der **Meltau** (Blattlaushonig)
die **Membran** und die **Membrane** (schwingendes Metallblättchen; oder Häutchen); die Membranen; *Trennung:* Mem|bra|nen
die **Memme** (Feigling)
die **Memoiren** [*memoar°n*] Mehrzahl (Denkwürdigkeiten; Lebenserinnerungen; *Trennung:* Me|moi|ren
die **Menagerie** [*menasch°ri*] (Tierschau); die Menagerien; *Trennung:* Me|na|ge|rie

die **Menge; mengen;** du mengst, er mengt, er mengte, er hat den Zement gemengt, menge den Zement!
der **Meniskus** (Zwischenknorpel); die Menisken; der **Meniskusriß**
der **Mensch;** des/dem/den Menschen, die Menschen; **menschenmöglich;** er hat das menschenmögliche (alles) getan; die **Menschenwürde; menschenwürdig;** die **Menschheit; menschlich;** Menschliches, Allzumenschliches
das **Menü** (Speisenfolge); die Menüs
der **Meridian** (Längenkreis); die Meridiane
merken; du merkst es, er merkt es, er merkte es, er hat es gemerkt, merke es!; das **Merkmal;** die **Merkmale; merkwürdig**
der **Mesner** (landschaftlich für: Kirchendiener, Meßdiener)
die **Messe** (der katholische Hauptgottesdienst); die, eine Messe lesen, aber: das Messelesen
die **Messe** (eine Ausstellung)
messen; du mißt, er mißt, er maß, er hat die Länge des Stoffes gemessen, miß die Breite des Zimmers!
das **Messer**
der **Messias;** des Messias
das **Messing**
der **Mestize** (Nachkomme eines weißen und eines indianischen Elternteils)
das **Metall; metallen** (aus Metall); **metallisch** (wie Metall)
die **Metamorphose** (Umgestaltung, Verwandlung); *Trennung:* Me|ta|mor|pho|se
der **Meteor** (Sternschnuppe); die Meteore; *Trennung:* Me|teor; die **Meteorologie** (Wetterkunde); *Trennung:* Me|teo|ro|lo|gie
der **Meter,** auch: das Meter; eine Länge von 10 Meter, auch: von 10 Metern; von 10 Meter, auch: von 10 Metern an; ein[en] Meter lang; laufender Meter: **meterhoch:** der Schnee liegt meterhoch, aber: der Schnee liegt drei Meter hoch; **meterlang;** eine meterlange Schlange, aber: eine drei Meter lange Schlange; das **Metermaß**
die **Methode** (Verfahren; Absicht; planmäßiges Vorgehen); **methodisch**
die **Metropole** (Hauptstadt, Hauptsitz); *Trennung:* Me|tro|po|le
die **Mettwurst**
der **Metzger;** die **Metzgerei**

a Mei[s/ß]el? _____ M[ei/ai]se? _____
[M/m]engen _____ Melo[/h]ne? _____
M[e/ä]mme? _____ m[e/ä]ngen _____
[M/m]essen _____ Meta[ll/l]? _____

Überprüfe die Schreibweise dieser Wörter!

Infinitiv/Personal- **b**
form → S. 127 f.

(du) bekommst, (wir) kannten, (sie) rennt, (sie) schafften, (wir) sollten, (sie) stellten, (ihr) wollt

Unter welchem Stichwort findest du diese Wörter im Wörterbuch? Lege eine Tabelle an!

im Text: Personalform	im Wörterbuch: Infinitiv
kommst	*kommen*
...	...

Nachschlagen **7 Probleme beim Nachschlagen?**

a Das „B" besitzt die Nachbarn „A" und „C". Welche Nachbarn besitzen F, S, U, M, L?

78 Rechtschreiben

b Das „C" besitzt folgende vier Nachbarn: A, B, D und E. Welche besitzen K, M, O, S, V?

c Pfiffika verteilt Einladungen zum Straßenfest für K, B, O, Z, L, C und T. In welcher Reihenfolge muß sie die Einladungskarten in ihrer Tasche ordnen, damit sie die Straße nur einmal entlanggehen muß?

d Jemand aus der Klasse wählt aus dem Wörterbuch ein Stichwort aus. Wer es am schnellsten im Wörterbuch gefunden hat, wählt das nächste Wort aus.

Persönliches Wörterbuch, Wörterheft

8 Pfiffika hat sich ein kleines Heft gekauft und trägt darin alle Wörter ein, die sie einmal falsch geschrieben hat. Wenn die Wörter dort in alphabetischer Reihenfolge stehen, kann sie sehr leicht nachschlagen.
Für diese Buchstaben muß sie besonders viele Seiten freihalten: A, B, E, F, G, K, R, S und V.
Für die folgenden benötigt sie nur sehr wenig Platz: C, I, J, O, Q, X, Y.

Üben **9** Aus den b■den letzten Hautstrei■en, die sie aus dem Teich h■lte, formte sie Reifen und drückte sie in Tropfenform. Als sie festgefr■ren waren, flocht sie ein Netz aus Riemen in jeden der Reifen, knüpfte Schleifen als Halt für den Vorderfuß und z■g die Schneereifen gleich an. Sie knacksten und bek■men Sprünge, aber sie ermöglichten doch das Weiterkommen im Tiefschnee.
nach: Jean Craighead George

a Schlage die unvollständigen Wörter im Wörterbuch nach!

b Notiere auch die anderen Wörter, die unter dem jeweiligen Stichwort angegeben sind!

Beispiel: beiden – beide, beides, beidemal, beiderlei, beiderseits

2. Dehnung

Dehnung ohne Kennzeichnung

1

> nun, gut, wir, mag, Tor, gibt, malt, mir, nur, Schal, Tag, legt, fragt, trägt, los, tut, war, Brot, schon, wo, rot, Hut, Strom, bloß, Bruder, böse, holen, husten, leben, lesen, Name, rate, rede, rufen, Salat, Schale, geben, Schule, sagen, Telefon, toben, Vater, Vogel, Wagen, hervor, Hose, eben, schlagen, einigemal, Motor, Mond, gehoben, gefroren, stoßen, rot, flog, geboren, Verbot, Lüge

a Lies die Wörter, und achte auf den langgesprochenen Vokal!

b Du kannst die Wörter auch nach den langgesprochenen Vokalen ordnen und in eine Tabelle schreiben.
Lege dazu für jeden Vokal eine Spalte an!

a/ä	e	i	o/ö	u/ü
mag	*legt* ...	...	*böse* ...	...

Substantiv → S. 118 ff.

c Suche die 20 Substantive heraus, und bilde jeweils die Mehrzahl (Plural)!

Verben → S. 127 ff.

d Konjugiere die 10 Verben, die im Infinitiv stehen, und unterstreiche die Wortstämme!

Beispiel: holen – ich hole, du holst

e *Name* wird häufig falsch geschrieben. Suche verwandte Wörter!

Beispiel: Namenstag, namenlos ...

Suche verwandte Wörter auch zu *lesen* und *leben*!

2

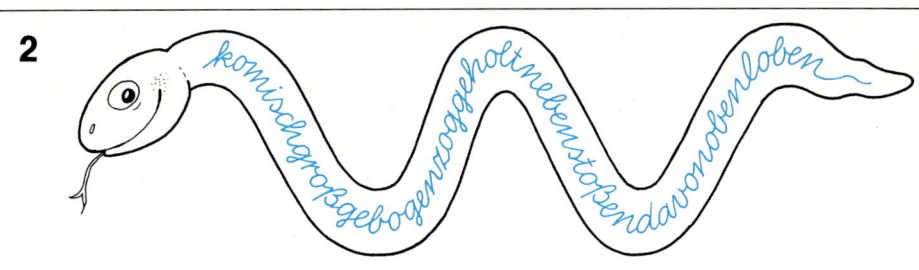

komisch groß gebogen sog geholt neben stoßen daneben oben loben

a Welche 10 Wörter stecken in der Schlange?

Dehnung mit dem Buchstaben *h*

3

Ähre, Belohnung, erzählen, fahren, Fahrer, Fahrrad, Fahrt, Fehler, fröhlich, früh, Frühling, Frühstück, fühlen, fuhr, führen, Gefahr, gefährlich, Gefühl, geht, Höhle, Huhn, ihr, ihre, Jahr, Lehrer, Mehl, nah, rühren, sah, Sahne, Sohn, stehlen, Stuhl, Uhr, ungefähr, unwahrscheinlich, Verkehr, wählen, wahr, während, Wahrheit, wahrnehmen, wahrscheinlich, Weihnachten, wohl, wohnen, Zahl, zählen, Zahnweh

Wortfamilie → S. 143 ff.

a Einige der Wörter aus dieser Liste gehören zusammen.

Beispiel: *wahr, Wahrheit* ...

b Suche auch zu den Wörtern *Belohnung, Uhr* und *Höhle* Verwandte!

c Schreibe die 24 Substantive heraus! Welche können nur im Singular stehen?

d Setze die 13 Verben in die 2. Person Singular!

Beispiel: erzählen – du erzählst

e Buchstabensalat

1	2	3	4	5	6	7	8	9
a	r				e			
r	V			k	w	e		
e	e	f	r	r	r	o	e	
h	k	ö	s	h	h	l	z	a
f	h	e	i	ü	a	h	ä	e
n	r	r	r	t	h	n	h	w
		l	t	h	n	n	w	h
		k	h	F	m	u	e	Z
		h	c	ü	e	B	l	h
			c		n	n	n	n
					g		r	h
								L

Im ersten Kästchen steckt das Wort *fahren*. Welche Wörter sind in den anderen versteckt? (Sie stammen alle aus der Wörterliste auf S. 85.)

f Schreibe aus dem Text auf Seite 25 die 8 Wörter mit Dehnungs-*h* heraus!

4 Die wichtigsten Verkehrszeichen:

a Wie mußt du dich verhalten, wenn du im Straßenverkehr diese Verkehrszeichen siehst?

b Schreibe die Bedeutung dieser Zeichen auf, und unterstreiche alle Wörter mit Dehnungs-*h*!

5

zahlen – Kohlen – fühlen – zählen – Fohlen – wählen – kühlen – fehlen – wühlen

a Das folgende Wort darf sich vom vorangehenden nur durch einen einzigen Buchstaben unterscheiden.
Wie lautet das Schlußwort der Reihe?

Partner-
diktat
→ S. 75

6 Mühlen

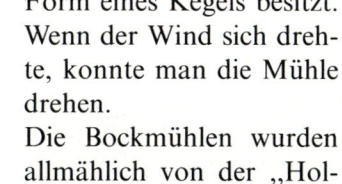

Schon auf Landkarten aus dem 16. Jahrhundert sieht man in Norddeutschland viele Windmühlen eingetragen. Es handelt sich dabei meist um die „Bockmühlen". Sie heißen so, weil das ganze Haus auf einem Bock steht, der die Form eines Kegels besitzt. Wenn der Wind sich drehte, konnte man die Mühle drehen.

* Die Bockmühlen wurden allmählich von der „Holländer Mühle" abgelöst. Diese besitzt den Vorteil, daß nur die Kappe mit den Flügeln in den Wind gedreht werden muß. Von dort führt eine senkrechte Welle zu den Mahlsteinen. Zwischen ihnen wird das Korn zermahlen.

* Der Müller mußte nicht nur ein Ohr dafür haben, wann Korn nachzuschütten war, er mußte auch das Laufgeräusch der Mahlsteine deuten können. Klang es stumpf, hob er mit seinen Gehilfen die Steine heraus und rauhte sie auf. Oft genug geschah dies während der Nacht.

a Du kennst neben den Windmühlen andere Arten von Mühlen.
b Suche aus dem Text alle Wörter mit Dehnungs-*h* heraus!
c Diktiere deinem Partner Teile des Textes!

7

drohen, fliehen, ruhen, verzeihen, wehen, sehen, gehen, stehen

a Was kann Pfiffika aus diesen Wörtern zaubern?

Rechtschreiben

Dehnung durch Doppelvokal **8**

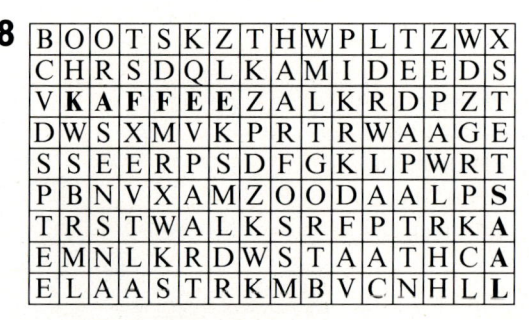

```
B O O T S K Z T H W P L T Z W X
C H R S D Q L K A M I D E E D S
V K A F F E E Z A L K R D P Z T
D W S X M V K P R T R W A A G E
S S E E R P S D F G K L P W R T
P B N V X A M Z O O D A A L P S
T R S T W A L K S R F P T R K A
E M N L K R D W S T A A T H C A
E L A A S T R K M B V C N H L L
```

Im Kasten sind 13 Wörter mit Doppelvokal versteckt. Schreibe sie in dein Heft, und unterstreiche jeweils den Doppelvokal!

Partnerübung **9** Vor der Höhle der Wölfe taucht ein kleiner Junge auf, der von Schir Khan, dem Tiger, verfolgt wird.

Wölfe, die ihre eigenen Jungen über Stock und Stein tragen, können wenn nötig, ein Ei zwischen die Zähne nehmen, ohne es zu zerbrechen. Obgleich sich Vater Wolfs Rachen über dem Kinde schloß, so hatten seine spitzen Zähne doch nicht einmal die weiche Haut des strampelnden Kindes geritzt, als er ihn zu seinen eigenen Jungen legte. „Wie winzig! Wie nackt und – wie tapfer!" sagte Mutter Wolf sanft. Der Kleine drängte die Wolfsjungen beiseite, um dicht an das warme Fell der Mutter zu gelangen.

* „Aha, er sucht seine Nahrung ganz wie die anderen. Das also ist ein Menschenjunges? Sag, hat sich je eine Wölfin rühmen können, ein Menschenjunges unter ihren Kindern zu haben?" „Hier und dort hörte ich davon, doch niemals in unsrem Rudel oder zu meiner Zeit", antwortete der Vater Wolf. „Wahrhaftig, ganz ohne Haar ist der Körper. Mit einem Prankenschlag könnte ich es zerquetschen. Aber sieh doch, wie es aufschaut zu uns, und nicht ein bißchen Angst hat es."
Da wurde es plötzlich dunkel in der Höhle.

Rudyard Kipling

a Weshalb wird es wohl dunkel?

b Schreibe die 11 Wörter mit Dehnungs-*h* heraus!

Partnerübung **10** Viele Tiere haben ein sehr feines Wahrnehmungsvermögen für Geräusche. Besonders die Wald- und Nachttiere besitzen ein gutes Gehör, mit dessen Hilfe sie ihre Beute aufspüren können und frühzeitig bemerken, wann Gefahr droht. Sehen können sie meist weniger gut. Im Schatten der Bäume oder während der Nacht würden ihnen gute Augen auch kaum nützlich sein.

* Ihre Ohrmuscheln sind meist sehr ausgeprägt. Damit können sie Schallquellen wie mit einem Hörgerät aufspüren. Besonders die Nager drehen

und wenden fortwährend ihre großen Ohrmuscheln nach allen Seiten, damit ihnen kein Geräusch entgeht.
Tiere, die auf dem Land und im Wasser leben, wie Robben und Krokodile, können in der Regel ihre Ohrlöcher durch Hautfalten verschließen.

nach: Steve Pollock

a Schreibe die Wörter mit Dehnungs-*h* heraus!

b Konjugiere die Verben *drohen, sehen, drehen* und *gehen*!

Wörterheft **11**

Aal	fühlen	ihn	Salat	Vogel
Ähre	fuhr	ihr	schlagen	Waage
Belohnung	führen	ihre	schon	Wagen
bloß	führt	Kaffee	Schule	wählen
Boot	gebogen	kühlen	Sohn	während
böse	geboren	Lehrer	stehlen	Wahrheit
davon	Gefahr	lesen	stoßen	wahrnehmen
Einbahnstraße	gefährlich	Mehl	Strom	wahrscheinlich
einigemal	gefroren	mir	Stuhl	Weihnachten
Erfahrungen	Gefühl	Motor	Stühle	wir
erzählen	gehoben	nah	Tee	wohl
fahren	geholt	Name	Telefon	wohnen
Fahrrad	geht	nehmen	trägt	Zahl
fehlen	gewähren	Paar	tut	zahlen
Fehler	gibt	roh	Uhr	zählen
flog	Haar	rufen	ungefähr	Zahn
Fohlen	Höhle	rühren	unwahr-	zog
froh	holen	Saal	scheinlich	Zoo
früh	Huhn	sah	Vater	
Frühstück	Idee	Sahne	Verkehr	

a Diese Wörter hast du in der Einheit „Dehnung" geübt. Wähle 20 aus, schreibe sie dir auf, und diktiere sie anschließend deinem Partner!

b Überprüfe deine Wörterliste, und tausche dann dein Heft mit dem Partner aus!

3. Schärfung

Doppelkonsonanten

1

Wozu brauchst du die Doppelkonsonanten?

Sonderangebot — Doppelpack billig!

Regen, rennen, dann, Dame, Peter, Wette, toben, Lotto, Nase, Halle

a Lies alle 10 Wörter laut vor! In welchen hörst du kurze Vokale?

b Woran erkennst du die kurzen Vokale?

c Untersuche das Gedicht „Kläffer" auf S. 73!

2 beko--t, fä--t, Fü--er, i--er, ka--te, scha--te, geste--t, wo--te, ra--te, ko--te, so--en, scha--en, da--, fa--en, schne--, Fla--e, Schwa--

a Schreibe die Wörter ab, und ergänze dabei die fehlenden Doppelkonsonanten! Unterstreiche jeweils den kurzen Vokal!

b Lies die Wörterliste laut vor! Achte auf die kurzgesprochenen Vokale!

c Schreibe die Verben im Infinitiv auf!

3

wann	flennen	Wille	sollen	Kummer
dann	*brennen*	...	...	...

a Schreibe Reimwörter auf!

b Diktiere die Wörterlisten deinem Nachbarn!

Kurze Vokale werden meist durch Doppelkonsonanten gekennzeichnet.

Konsonanten- **4** kennen, Hand, müssen, finden, binden, Bild, stellen, Halle, will, handeln, billig, gesessen, hatte, rennen, wenn, dann, bekommen
häufung

Alle diese Wörter enthalten einen kurzen Vokal.

a Schreibe die Wörter heraus, die einen Doppelkonsonanten enthalten, und unterstreiche jeweils den kurzen Vokal!

b Schreibe die Wörter heraus, die zwei unterschiedliche Konsonanten nach dem kurzen Vokal aufweisen!

> Wenn auf einen Vokal zwei oder mehr Konsonanten folgen, wird er kurz gesprochen.

5 du rennst – sie rennt, du fällst – er fällt, du stellst – sie stellt

a Nenne jeweils den Infinitiv!

b Schreibe den Infinitiv und die drei Personalformen im Singular auf! Unterstreiche den Wortstamm!

Beispiel: rennen, ich renne ...

c beginnen, einfüllen, gewinnen, herrschen, hoffen, kennen, kommen, nennen, rennen, schwimmen, sollen, stellen, summen, trennen,

Konjugiere diese Verben, und unterstreiche den Wortstamm!

Beispiel: ich komme, du kommst, er kommt

Übung **6** Draußen (herrschen) tiefe Stille, als sich der Sauerstoff um drei Uhr erschöpfte. Der Frost durchschauerte mich. Um vier Uhr (aufraffen) ich mich, ruckte Arme und Schultern aus dem Schlafsack und begann die Zelttür aufzuknüpfen, die bretthart gefroren war. Doch endlich gaben die Bänder nach, und ich (können) die Klappe beiseite schieben. Ich blickte in eine harte und kalte, aber unglaublich schöne Welt. Schon färbte das Frühlicht den Himmel, gegen den sich die Runde eisiger Gipfel abzeichnete. Die Täler schliefen noch im Dunkel.
Tensing, der über meine Schulter lugte, zeigte hinunter und sagte „Thyang Botschi". Tatsächlich (erkennen) man auf dem Bergrücken im weiten Imjatal die Umrisse des Klosters in seinem lieblichen Rahmen. Es lag wohl an die fünftausend Meter unter uns.

nach: Edmund Hillary

Rechtschreiben

a Schreibe den Text ab, und setze dabei die Verben in der Personalform ein!

b Unterstreiche im Text die 11 Wörter mit Doppelkonsonanten!

c *aufraffen*, ich ... – *erkennen*, ich ...

Bilde mehrere Personalformen! Was kannst du über die Stellung der Vorsilben bei den beiden Verben feststellen?

7 Astrid Lindgren erzählt in „Mio, mein Mio" von einem Waisenjungen, der auf geheimnisvolle Weise ins „Land der Ferne" gelangt. Dort findet er seinen Vater als König wieder. Mit Jum-Jum, seinem Freund, reitet er durch das „Land der Ferne".

Partnerdiktat

Gern wäre ich über die Brücke des Morgenlichts geritten, aber zuerst wollte ich meinen Vater, den König, um Erlaubnis bitten. Deshalb kehrten wir zum Rosengarten zurück und ritten an diesem Tag nicht mehr. Wir halfen einander, Miramis zu striegeln, und kämmten ihm die Goldmähne und streichelten ihn und gaben ihm Würfelzucker und Brotrinden, die wir von Jum-Jums Mutter bekommen hatten.

*

Danach bauten Jum-Jum und ich uns im Rosengarten eine Hütte, und wir saßen in der Hütte und aßen. Wir aßen ganz dünne Eierkuchen mit viel Zucker darauf. Nichts schmeckt mir besser! Benkas Mutter machte sie immer so, und ich durfte manchmal mitessen. Aber die Eierkuchen hier, die Jum-Jums Mutter gebacken hatte, waren noch viel, viel besser.

Astrid Lindgren

8 | Packung, erschrocken, Glück, erschrecken, gucken, Hacke, Lack |

a Schreibe die Wörter in dein Heft, und unterstreiche die kurzen Vokale!

b Wie wird die Schärfung in diesen Fällen gekennzeichnet?

Silben-
trennung
→ S. 113 ff.

c Trenne die Wörter!

9 Diese Wörter hast du geübt:

beginnen	gestellt	konnte	schwimmen
bekommen	gewinnen	Lack	sollen
bekommt	Glück	Lotto	stellen
billig	gucken	nennen	stellst
dann	Hacke	Packung	stellt
einfüllen	Halle	rannte	summen
erschrecken	hatte	rennen	trennen
erschrocken	herrschen	rennst	wenn
fallen	hoffen	rennt	Wette
fällst	immer	schaffen	will
fällt	kannte	scharrte	wollte
Flamme	kennen	schnell	
Füller	kommen	Schwamm	

a Schreibe sie ab, und ordne sie nach Wortarten!

Substantive	Verben	Adjektive	andere
Glück	*bekommen*	*billig*	*dann*
...	...	...	...

b Schreibe die Verben in ihren Personalformen auf!

c In den folgenden Substantiven stecken Verben mit Doppelkonsonanten. Schreibe sie heraus!

der Wille	die Hoffnung	die Rettung
die Erschaffung	das Gestell	die Fassung
die Schwimmerin	der Schrecken	die Wette
die Trennung	der Beginn	der Füller
der Herrscher	die Füllung	die Hacke
der Fall	der Bäcker	die Flamme
die Stellung	das Pferderennen	die Packung

4. S-Laute

1 Der Fisch mit der Wasserpistole

In Südostasiens Flüssen und Seen lebt der Schützenfisch, der seine Beute mit einem großen Wasserstrahl abschießt. Er schwimmt dicht unter der Wasseroberfläche und lauert auf Insekten, die auf überhängenden Zweigen sitzen. Hat er ein Insekt entdeckt, stellt er sich steil auf, streckt sein mit Wasser gefülltes Maul heraus und bläst mit einem scharfen Strahl auf das Insekt. Dieses fällt getroffen auf die Wasseroberfläche herunter.

a Ordne die im Text vorkommenden Wörter mit S-Lauten in drei Spalten nach **s**, **ß** und **ss**:

s	ß	ss
Südostasien	abschießt	Wasserpistole
...	...	...

S-Laut bei kurzen Vokalen

2

müssen küssen	messen ▬ essen	lassen ▬ assen ▬ assen ▬ assen

a Schreibe die Reime ab, und ergänze sie!

b Lies die Reime laut, und achte dabei auf die Länge des Vokals!

> Nach kurzgesprochenem Vokal schreibt man im Wortinnern **ss**.

c Wer bildet die meisten Verben aus den Buchstabengruppen?

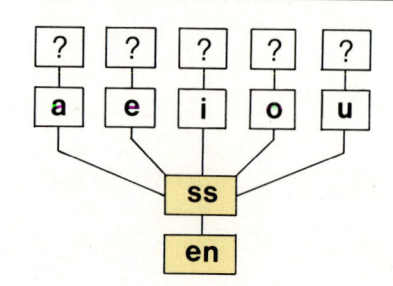

? ? ? ? ?
a e i o u
→ ss → en

90 Rechtschreiben

3 *fassen* – er faßt, er hat gefaßt
   passen – sie ▨ , sie hat ▨
   ▨ – es frißt, ▨
   messen – sie ▨ , ▨
   ▨ – er läßt, ▨

a Schreibe ab, und ergänze die Liste!

b Bilde die Beispiele in der 2. Person Singular!

> **ss** wird vor Konsonant zu **ß**.

c Schreibe den Text ab, und setze in die Lücken die jeweils richtige Form des Verbs ein!

fressen: Bello ▨ heute nicht. Hat er bereits sein Futter ▨?
lassen: Ihr dürft Bello in den Garten ▨
   Aber ▨ ihn nicht auf die Straße laufen!

Bilde eigene Sätze nach dem vorgegebenen Muster!

aufpassen: ?
vergessen: ?
müssen: ?

4

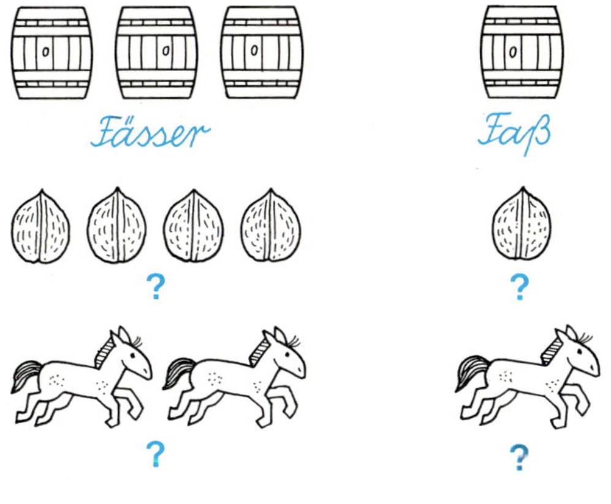

Fässer   *Faß*

?   ?

?   ?

Warum wird **ss** zu **ß**?

Schlösser – ?
Pässe – ?
Bisse – ?
Schüsse – ?

Am Wortende niemals **ss**!!

a Schreibe die Bedeutung der Bilder auf, und ergänze die Liste!

b Wende die neue Regel an!

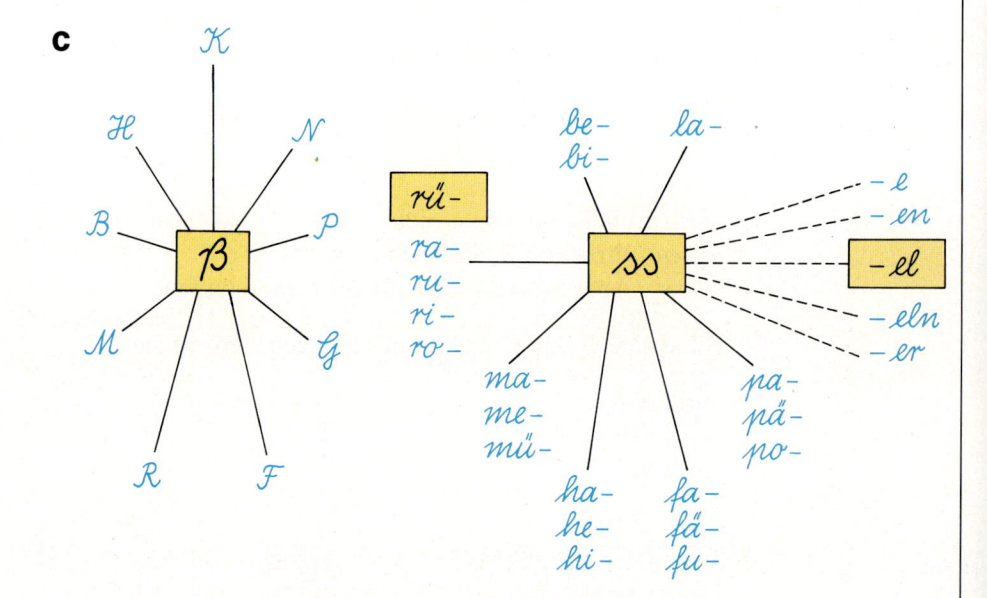

Nässe – naß	müssen – er muß	die Flüsse – der Fluß
Blässe – ?	messen – miß!	die Risse – der ?
? – ?	fressen – ?	die Küsse – ?
	essen – ?	? – ?

c

Sternbild ß mit: H, K, N, B, P, M, G, R, F

Sternbild ss mit Vorsilben: be-, bi-, la-, ra-, ru-, ri-, ro-, ma-, me-, mü-, ha-, he-, hi-, fa-, fä-, fu-, pa-, pä-, po-

Extra: rü- ... ss ... -el, -e, -en, -eln, -er

Wer findet die meisten Wörter?

Beispiel: die Nuß   Beispiel: rü-ss-el = der Rüssel

d ss oder ß?

e▨en, du i▨t, E▨besteck, …?
der Bi▨en, ein Bi▨, bi▨ig, ein bi▨chen
wi▨en, Gewi▨en
na▨, na▨kalt, die Nä▨e
sie mi▨t, me▨en, die Me▨latte
fa▨en, …?

Schreibe die Wörter richtig ab! Im Zweifelsfall schlage in einem Wörterbuch nach!

92 Rechtschreiben

Übung 5 Der goldene Schlü▋el

Zur Winterszeit mu▋te ein armer Junge hinausgehen und Holz auf einem Schlitten holen. Wie er es nun aufgeladen hatte, wollte er, weil er so durchnä▋t war, erst ein Feuer machen und sich ein bi▋chen wärmen la▋en. Er scharrte den Schnee weg und fand dabei einen kleinen Schlü▋el. Nun glaubte er, an dieser Stelle mü▋te auch das Schlo▋ dazu sein, und so fand er ein eisernes Kästchen. „Ob der Schlü▋el wohl pa▋t?" wollte er wi▋en, „es sind gewi▋ kostbare Sachen darin!" Endlich entdeckte er ein Schlü▋elloch, und der Schlü▋el pa▋te tatsächlich. Da drehte er einmal herum, und nun mü▋en wir warten, bis er vollends aufgeschlo▋en hat. Dann werden wir erfahren, was in dem Kästchen lag.

nach: Brüder Grimm

S-Laut bei langen Vokalen **1**

grüßen	heißen	schließen
büßen	r ?	fl ?
s ?	b ?	g ?
		spr ?

a Schreibe die Wörter ab, und ergänze sie!

b Welchen Unterschied kannst du zu den bisherigen Beispielen feststellen?
müssen, küssen – grüßen, büßen

Achte beim Lesen auf die Länge der Vokale!

c Ergänze!
der Kloß – die Klöße sie grüßt – grüßen
das Floß – ? er schießt – ?
der Strauß – ? ? – genießen
? – die Gefäße ? – stoßen
? – die Spieße ? – ?
? – ?

d Bilde Sätze mit folgenden Wörtern!

Strauß Soße süß Meißel
heiß Spaß rußig äußern bloß
saß dreißig Fuß scheußlich heißen

2

Rasen   Vase
Blase
Nase   Hase

> Lies doch mal laut! Achtung beim S-Laut! Na, was fällt dir auf?

> Die Wörter haben doch langgesprochene Vokale. Warum dann nur **s**?

a Die weise Meise macht sich leise auf die Reise.

Bilde ähnliche Sätze mit den folgenden Wörtern:

Rasen – Hasen – grasen – …	Maus – Haus – raus – …
Vase – Nase – Blase – …	lose – Dose – Rose – …

b
das Los – die Lose   er reist – reisen
die Maus – die Mäuse   er bläst – ?
? – die Gänse   ? – brausen
? – die Verse   ? – niesen
das Haus – ?   ? – ?

> Nach langgesprochenem Vokal oder Zwielaut (Diphthong) schreibt man den stimmlosen S-Laut mit **ß**.
> Nach langgesprochenem Vokal oder Zwielaut (Diphthong) schreibt man den stimmhaften S-Laut mit **s**.

c Ein räuberischer Überfall

Drau■en auf der Landstra■e bogen zwei Leute mit einem Handwagen um die Ecke. Auf dem Handwagen lag eine gro■e Kiste. Der eine war übrigens Kasperl, der andere hie■ Seppel.
„Vorsicht, Gold!" la■ Räuber Hotzenplotz auf der Aufschrift. Hastig riß er seine Pistole aus dem Gürtel. Er lie■ Kasperl und Seppel mit ihrem Wagen herankommen. Dann sprang er lei■e mit einem Rie■ensatz hinter einem Fel■en auf die Stra■e hinaus. „Hände hoch!" brüllte er, „oder ich schie■e!" Es wunderte ihn nicht, daß Kasperl und Seppel sofort Rei■au■ nahmen.

nach: Otfried Preußler

Übung **3** Amei▮en bei▮en nicht

… sagte Reporter Bernd und ging mit Förster Schierl in den Wald. Das erste Amei▮ennest, das ich auf unserem Spaziergang entdecke, liegt abseits vom Waldweg in einer kleinen Lichtung. Ein so gro▮es habe ich noch nie vorher gesehen: achtzig Zentimeter hoch und anderthalb Meter im Durchme▮er. Es ist ganz schwarz vor Amei▮en. „Bei▮en die nicht?" frage ich ein bi▮chen ängstlich. „Nein, bei▮en können sie nicht. Aber wenn sie Gefahr wittern, verspritzen sie ein Gift – die Amei▮en▮äure. Sie haben eigens ein Instrument dafür, die Hinterleibspritze. Damit können sie die Säure bis zu zwei Meter weit schleudern. Für Menschen ist das aber nicht gefährlich. Es brennt höchstens ein bi▮chen", meint Förster Schierl.

4 Schreibe den Text ab, und setze in die Lücken die richtige Verbform oder die richtige Form des Nomens ein!

vergessen: Ich habe das Buch ▮. Ursel, ▮ es! ▮ du immer noch deine Turnsachen? Ihr ▮ wohl noch euren Kopf. Beate und Suse, ▮ bitte nicht die Platte!

gießen: Ich habe erst gestern alle Blumen ▮. Die Geranie ist schon wieder ganz trocken; Anke, ▮ sie nachher noch einmal! ▮ ihr bitte gründlich alle Balkonpflanzen! Bärbel, du ▮ bitte den Gummibaum!

vermissen: Wer ▮ seine Turnschuhe? ▮ ihr gar nichts? Doch, wir ▮ unsere Bälle. Und was ▮ du, Achim?

schließen: ▮ du bitte die Tür zu? Die Tür ist schon ▮. Hast du auch richtig zu▮? Petra ▮ sie vorhin schon zu.

Riß: Wieviel ▮ hat denn deine Hose? Wegen des einen ▮ würde ich mich nicht aufregen. Am Fuß hat er zwei ▮. Der ▮ wird schnell wieder verheilen.

Kloß: Kartoffel▮ esse ich zu gern. Ihr wollt euch wegen des einen ▮ streiten? Wieviel ▮ hast du heute gegessen?

Wörterheft
→ S. 79

5 abschießen, blasen, Bisse, Blässe, büßen, essen/ er ißt, Fluß, Flüsse, fassen, fressen/ es frißt, Faß/ Fässer, Floß, grüßen, Gänse, Hase, heißen, küssen, Kloß, lassen/ er läßt, müssen/ er muß, Mäuse, Nässe, naß, Nase, passen, Risse, reisen/ er reist, Rasen, Schlösser, Schüsse, schließen, Vase, Verse, Wasser

a Diese Wörter hast du geübt. Schreibe sie in dein Wörterheft, und diktiere sie anschließend deinem Partner!

Rechtschreiben 95

5. Gleich und ähnlich klingende Laute

Die Buchstaben ä und e   **1**

Fälle oder Felle, rechen oder rächen? Was nehm' ich bloß?

Länder kommt von Land, hängen kommt von Hang, die sind halt verwandt!

| fahren, Schwamm, Schlag, alt | Gäste, Sätze, ängstlich, nämlich |

a Suche zu jedem Wort verwandte Wörter mit **ä** oder **a**!

b

Infinitiv	Personalform		
	1. Person	2. Person	3. Person
halten	ich halte	du hältst	er, sie, es hält
fallen	?	?	?

Übertrage die Tabelle in dein Heft, und ergänze!

| raten, lassen, fangen, auffallen, graben, einladen, anfangen, beraten |

c | Glas, Rad, Stadt, Zahn, Bach, Hand, Ball, Platz, Land, Spaß |

Bilde den Plural und die Verkleinerungsform!

Beispiel:
das Glas – die Gläser – ein Gläschen

d
▨	– kämmen	lahm	– ?
Blatt	– blättern	?	– tragen
?	– fällen	warm	– ?
?	– schädigen	Walze	– ?
scharf	– ?	?	– beschränken
?	– sich ängstigen	Qual	– ?

Schreibe ab, und ergänze!

Verb
→ S. 127 ff.
Substantiv
→ S. 118 ff.

ä und a sind verwandt:
Er *hält* (**Personalform**) kommt von *halten* (**Infinitiv**),
Zähne (**Mehrzahl/Plural**) kommt von *Zahn* (**Einzahl/Singular**),
nämlich kommt von *Name* (**Wörter einer Wortfamilie**).

Tips und Arbeitshilfen
→ S. 73 ff.

2

abwärts, ärgern, ähnlich, nächste, Geschäft, Geländer, Lärm, nämlich, Dämmerung

"Ich ächze unter diesen gräßlichen Wörtern!"

a Hier findest du nur schwer Verwandte mit **a**. Schreibe die Wörter in alphabetischer Reihenfolge in dein Wörterheft, und lerne sie auswendig!

b Verwende die Wörter in Sätzen!

Partnerdiktat

3 Der Fuchs

Der Fuchs läßt sich am Tage nur selten sehen. Die meiste Zeit schläft er nämlich in seinem Bau und geht erst in der Dämmerung und nachts auf Jagd. Seinen Erdbau hat er ähnlich wie der Dachs selbst gegraben oder von ihm übernommen.

*   Die Höhle besteht aus einem oder mehreren Kesseln, hat einen Haupteingang und mehrere Fluchtröhren. Seine Beute hetzt er nicht, sondern schleicht an sie heran und faßt sie nach einem sicheren Sprung. Der Fuchs ist ein vielseitiger Jäger. Vor allem fängt er Mäuse. Auf der Nahrungssuche wagt er sich sogar bis in die Randbezirke unserer Städte.

Wörterheft
→ S. 79

> *Segen   bellen   Gerte   Welle   Felle*
> *Wende   Rechen   setzen   es hellt auf*

a Für diese Wörter gibt es keine Verwandten mit **a**. Schreibe sie deshalb in dein Wörterheft!

b Verwende sie in Sätzen!

Rechtschreiben 97

5 Der Tag, an dem Tante Marga verschwand

„Na ■ndlich macht jemand auf. Wird ja auch Zeit", sagte es mürrisch. „Ich bringe den best■llten Ferns■her."
Ich war verblüfft. Tante Marga h■tte nie und nimmer ein Fernss■hger■t bestellt, da war ich mir sicher. Sie behauptet n■mlich, Ferns■hen mache kurzsichtig. Und wenn meine Eltern noch am Leben w■ren, sagt sie immer, dann würden sie mir bestimmt nicht erlauben, auch nur eine Sekunde fernzus■hen.

* So fragte ich zögernd: „Was denn für einen Ferns■her?"
„Na den hier! Welchen denn sonst?" sagte das M■nnchen unwillig, schl■ppte das Ger■t ins Kinderzimmer und st■llte es auf meinen Tisch ...

* „Wenn Tante Marga diesen Kasten wirklich best■llt hat, dann bestimmt nicht fürs Kinderzimmer", sagte ich mir. „Am b■sten tr■gst du ihn ins Wohnzimmer, ■he sie zurückkommt, sonst gibt es ■rger." Aber das Ger■t war viel zu schw■r. Ich konnte es nicht vom Tisch h■ben ...

Paul Maar

a ä oder e? Entscheide, und schreibe diese Wörter richtig auf!

b Der Text eignet sich auch als Partnerdiktat.

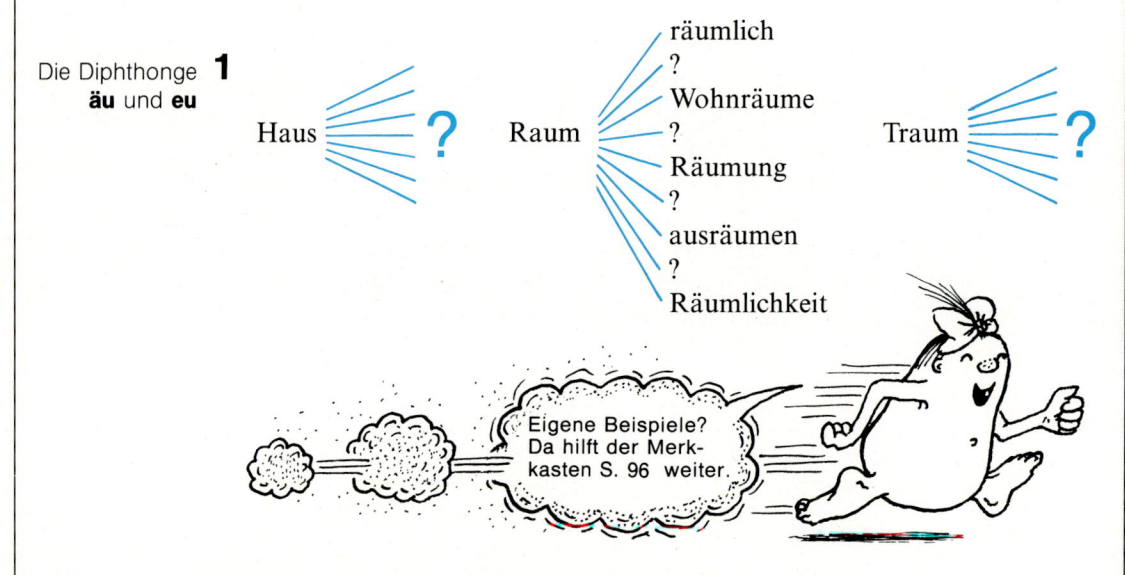

Die Diphthonge **1**
äu und **eu**

Haus ? Raum — räumlich ? Wohnräume ? Räumung ? ausräumen ? Räumlichkeit Traum ?

Eigene Beispiele? Da hilft der Merkkasten S. 96 weiter.

a Suche verwandte Wörter mit **äu**!

b Schreibe die verwandten Wörter heraus: l<u>äu</u>ten – l<u>au</u>t, h<u>äu</u>slich – ...?..., B<u>äu</u>me – ...?..., Fr<u>äu</u>lein – ...?..., t<u>äu</u>schen – ...?...!

2

Ich Eumel! Fast hätte ich die neue Wortkiste vergessen!

Abenteuer, Beute, treu, meutern, Schleuse, scheuern, Scheusal, streuen, deutlich, Freude, Ungeheuer, schleudern, scheußlich, greulich

Es gibt zu **eu** keine Verwandten mit **au**.

a Suche zu den Wörtern aus der Kiste verwandte Wörter mit ‚eu'!

Beispiel:
deutlich – deuten, bedeuten, Bedeutung ...

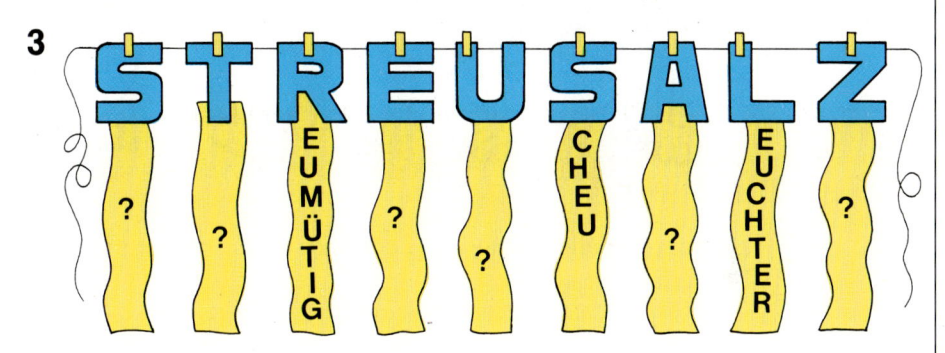

3 STREUSALZ

? | ? | EUMÜTIG | ? | ? | CHEU | ? | EUCHTER | ?

a Suche zu jedem Anfangsbuchstaben ein Wort mit **eu**!
Wenn du nicht sicher bist, schlage nach!

Übungstext **4** Die treue Gans

Eines Tages brach sich eine Bäuerin das Bein und wurde aus dem Haus getragen. Hinter der Tragbahre her flatterte eine aufgeregte Gans. Sie schlug wild mit den Flügeln und lief dem Krankenwagen bis zur nächsten Kreuzung nach. Erst als der Wagen um die Ecke verschwunden war, watschelte sie enttäuscht zum Haus zurück.

* Tag und Nacht hockte sie unter den Obstbäumen im Hof und wartete. Man mußte ihr die Körner dorthin ins Freie streuen, weil sie sich eindeutig weigerte, in ihren Stall zu gehen. Als nach vier Wochen ihr Frauchen zurückkehrte, schnatterte sie laut vor Freude und ging zufrieden in ihren Stall.

d und t im Auslaut

1 Endlich hatte Erich das Boot an Land gezogen. Da er noch fast ein Kind war, hatte er sich dabei tüchtig geplagt. Aber mit viel Geduld und Ausdauer war es ihm am Ende doch geglückt.

„Ich habe viel zu lange gebraucht", dachte Erich, „bald wird es Abend, und ich bin todmüde!" Trotzdem beeilte er sich, setzte sich auf sein Fahrrad und raste ins Dorf, um seinem Onkel Bescheid zu sagen ...

Sprechblasen:
- Hilfe! d oder t? Wie merke ich mir das bloß?
- Wortverlängerung! Land – Länder, Geduld – geduldig

a Schreibe alle Wörter aus dem Text, die ein **d** oder **t** im Auslaut haben, und verlängere sie!

Beispiel:
das Boot – die Boote

b

das Band	– die Bänder	der Rat	– raten
das Rad	– die Räder	das Zelt	–
das Geld	–	die Haut	–
der Abend	–	die Welt	–
das Bad	–	das Kraut	–
der Wald	–	das Blut	–
der Pfad	–		
das Kleid	–		

Schreibe ab, und ergänze!
Kennzeichne den Wortstamm des verlängerten Wortes!

d und t
Partizip
Präsens
→ S. 130

2

Personalform	Partizip Präsens
er sitzt	sitzend
es steht	stehend
sie rennt	?
er liest	
sie fällt	
er erzählt	
es kommt	
es fließt	
sie sucht	
es glänzt	
sie fragt	
er fährt	

a Schreibe ab, und ergänze!
Was stellst du fest, wenn du die beiden Verbformen vergleichst?

b Bilde mit den Partizipien Sätze!

Beispiele:
– Er fädelte sich in den *fließenden* Verkehr ein.
– Am *kommenden* Dienstag ist schulfrei.

3 Wörtersuchspiel

Spielregel:
Die Buchstaben auf dem Spielfeld sollen zu Wörtern zusammengesetzt werden. Nur angrenzende Buchstaben dürfen beim Zusammenbauen eines Wortes verwendet werden, zum Beispiel WORT.

a Suche möglichst viele Wörter mit **d** oder **t**!

Übung **4** Vor hunder ▪ Jahren mit der Postkutsche unterwegs

„Eigentlich sollte mein Gast am Aben ▪ die Sta ▪ erreichen. Vielleich ▪ kommt die Postkutsche zu spä ▪, weil ein Ra ▪ gebrochen ist?" vermutete der Wir ▪ vom Goldenen Hech ▪ voller Ungedul ▪.

* Bal ▪ jedoch erreichte das Gefähr ▪ rattern ▪ sein Ziel. Halbtot entstieg der erwartete Reisegast der Kutsche. Als der Wir ▪ ihn fragte, wie die Reise war, antwortete er: „Mein lieber Freun ▪, die Fahr ▪ über Lan ▪ war interessan ▪, aber auch anstrengen ▪ und ermüden ▪. Bereiten Sie mir gleich ein warmes Ba ▪!"

a Trage die Wörter mit **d** oder **t** im Auslaut in eine Tabelle ein!
Schreibe zuerst die Wortverlängerung, damit du dich richtig entscheiden kannst! Beispiel:

Wortverlängerung	Wort
Hunderte	*hundert*
Abende	
?	?

Der Buchstabe **v** **1**

a Schreibe die Bedeutung der Bilder auf!

b Suche weitere Wörter, bei denen **v** wie **f** gesprochen wird!

2 **w** oder **v**?

a Suche weitere Wörter, in denen das **v** wie **w** gesprochen wird, und verwende sie in Sätzen!

3

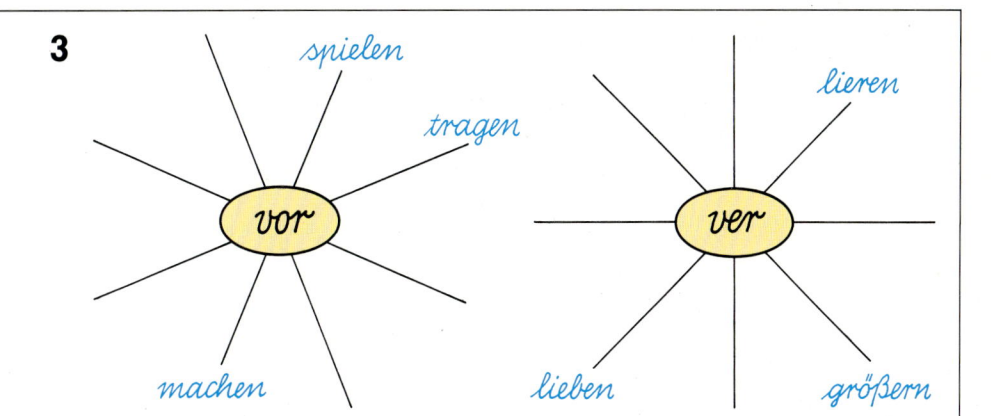

spielen, tragen, machen — **vor**

lieren, lieben, größern — **ver**

-merken, -nehmen, -schreiben, -weilen, -trocknen, -gessen, -führen, -bringen, -jährig, -mals, -seitig, -sagen, -wackeln, -kommen, -schließen, -warnen, -trödeln, -suchen, -sprechend, -sichtig

a Schreibe ab, und vervollständige!

b Benutze die Wörter, bei denen zwei verschiedene Vorsilben möglich sind, in Sätzen!

Beispiel:
Jürgen *nimmt* sich heute viel *vor*.
Sarah *vernimmt* den lustigen Gesang.

4 Hier ist etwas durcheinandergeraten!

Der Vollsitzende eröffnet die Elternvorsammlung:
„Ich danke Ihnen vermals für Ihr vorzähliges Erscheinen und werde vielsuchen, die verseitigen Interessen heute Abend vorständig zu berücksichtigen. Vollfach wurde ich gebeten, die vergegebene Zeit nicht unnötig zu vorlängern, da in der Vielweihnachtszeit viel häusliche Arbeit anfällt."

a Setze richtig ein: *viel-*, *ver-*, *voll-* und *vor-*!

Der Buchstabe **f** **5** Diese Wörter werden häufig falsch geschrieben:

fertig, er fiel, Fahrrad, Fahrt, falls, Fabrik, er fror, Füße, Familie, Fest, fern, Ferien, Ferse

Arbeitshilfen
→ S. 79 **a** Trage diese Wörter in dein Wörterheft ein, und lerne sie!

Rechtschreiben 103

v und f **6** Ende gut – alles gut

In den letzten ▦ plante ▦ mit der ganzen ▦ einen ▦. ▦ das Wetter ▦ sein sollte, wollten wir ▦ einen Abstecher zu einem Badesee machen. Am ▦ packten wir unsere Satteltaschen ▦. Auf der ▦ ging alles schief. Zuerst ▦ sich ▦ den ▦, dann ▦ ich die Landkarte, ohne es zu bemerken, und schließlich stellten wir ▦, daß Mutter die Getränke ▦ hatte. ▦ erledigt kamen wir an dem See an – und befanden uns mitten in einem ▦ mit Bierzelt, Würstchenbude und Schiffschaukel.

> Fuß, Volksfest, vergessen, fest, vollständig, Vorabend, verlor, Vater, falls, Ferien, fertig, Fahrradausflug, Familie, vielleicht, vielversprechend, Fahrt, verstauchte

a Schreibe den Text ab, und setze die angegebenen Wörter in die richtigen Lücken!

Die Buchstaben **ph** **7**
> Strophe, Phantasie, Physik, Mikrophon, Alphabet, Phosphor, Atmosphäre, Asphalt, Delphin, Katastrophe, Symphonie, Phosphat

a Erkläre die Fremdwörter mit Hilfe eines Wörterbuches!

Beispiel: Physik – Naturlehre

b Einige dieser Wörter kannst du auch mit **f** schreiben. Schaue in deinem Wörterbuch nach, und schreibe sie auf!

> Wörter mit **ph**, das wie **f** gesprochen wird, sind Fremdwörter.

Die Buchstaben **b**, **p** oder **pp** **1**

Ein schönes Sieb!
Dieser Lump!
Haltet den Dieb!
So ein Betrieb!
Bitte einen Laib Brot!
Kauf nicht auf Pump!

a Sprich die farbig gekennzeichneten Wörter deutlich aus! Was stellst du fest?

b Schreibe die Reimwörter auf:
1. Laub: St▨, R▨, t▨,
2. Sieb: D▨,
3. eben: n▨, kl▨, l▨,
4. Schnabel: K▨, F▨,

> Na, das kennst du schon von der **Wortverlängerung**.

Verb
→ S. 127 ff.

c lieben, loben, pumpen, stülpen, traben, toben, kleben, tippen, schleppen, schnappen, hupen

Bilde die 2. und 3. Person Singular!

Beispiel:
lieben → du liebst; er, sie, es liebt

2 Su▨e, pie▨sen, ▨remsen, a▨sichtlich, ▨equem, ▨evor, ▨aß auf!, gekle▨t, Fa▨rik, ▨rahlen, ▨a▨e, Ma▨e, ge▨oren, Sta▨, Ku▨e, geto▨t, Gru▨e, Er▨schaft, gro▨, Tru▨e, schle▨en, ka▨utt, Kli▨e, ▨ro▨ieren, ▨aket, ü▨erall, ▨lötzlich, O▨st, ▨latz, Tre▨e, Beis▨iel, schie▨en, hum▨eln, sel▨ständig, Ka▨e, Lam▨e, Wi▨e, ▨assieren

a Schreibe ab, und ordne:

b	p	pp
(16)	(13)	(11)

b Suche zu vier Wörtern mit **b** und zu vier Wörtern mit **p** Verwandte!

Übungstext **3** Die Briefmarke

Als Buben hatten wir alles gesammelt. Ich weiß nicht, ob das heutzutage noch so ist. Aber seinerzeit, als ich noch auf die Lateinschule ging, war das
* Briefmarkensammeln so recht in Schwung.
Perlmosers Otto hatte hier und da von seinem Vater einen Katalog mitgebracht. Darin lasen wir, daß der schwarze Einser hundert Mark wert war
* und die blaue Mauritius fünfzigtausend Mark.
Wir Buben waren ganz besoffen gewesen vor Sehnsucht und Begeisterung und durchstöberten alle Papierkörbe und Speicher. Sogar an Tanten und
* Paten schrieben wir die schönsten Briefe, daß sie sich hätten wundern müssen über so viel Anhänglichkeit.

Eugen Roth

Die Buchstaben **1**
g–k

*Nun weiß ich Bescheid! Auch bei **g** und **k** im Auslaut: **Wortverlängerung**!!*

die Fabrik	– die F…	der Weg	– die Wege
erschra■	– erschraken	der Ta■	– ta…
star■	– sich st…	der Zwer■	– die Z…
der Par■	– p…	der Kru■	– die K…
die Techni■	– die T…	der Ber■	– die B…
der Zan■	– zan…	der Erfol■	– er…
der Tan■	– t…	der Beitra■	– b…
der Tran■	– tri…	der Zwei■	– abz…
das Vol■	– die …	das Flugzeu■	– die F…

a Schreibe die Wörter ab, und verlängere sie (zum Beispiel: Plural, Verb)!

2

lag, klug, ärgerlich, vielseitig, genug, krumm, grollen, kriechen, Betrag, irgendwo, gekrönt, kriegen, kennen, morgens, streiken, Merkordner, kläglich, Anorak, Aufregung, bügeln, eigentlich, er erschrak, verbarg, gar, Kamm, Kaffee, Krieg, Kino, gelogen, merken, Musik, neugierig, nirgends

a Ordne die Wörter in alphabetischer Reihenfolge, und unterscheide nach **g**- und **k**!

b Wähle zehn schwierige Wörter aus, und diktiere sie mit deutlicher Aussprache deinem Banknachbarn!

3 Wörterheft

am Abend	Ende	Fahrrad	Grube	plötzlich
ängstlich	endlich	Fahrt	hundert	rennen
Angst	es hellt auf	falls	interessant	scheußlich
Anorak	er fällt	Familie	kaputt	selbständig
ärgerlich	er fiel	Ferse	kriegen	sitzen
Bescheid sagen	er fror	fertig	kriechen	Spaß
du fährst	er erschrak	Füße	Kurve	Technik
du hältst	er steht	geboren	nächste	todmüde
du kommst	er erzählt	Geduld	nämlich	vielleicht
du liest	Fabrik	gekriegt	passieren	vorsichtig

a Diese Wörter aus der Einheit „Gleich und ähnlich klingende Laute" werden häufig falsch geschrieben.
Übe sie regelmäßig, indem du jeweils zehn Wörter für ein Partnerdiktat auswählst!

6. Großschreibung

1

Wer bietet ihm ein Zuhause?
„Rocky" wieder in ein Tierheim?

Sein Herrchen ist gestorben, und nun ist der Irish Setter Rocky allein. Er ist sechs Jahre alt und dankbar, wenn eine liebe Hand ihn streichelt. Rocky ist an den Umgang mit einem Kind nicht gewöhnt. Beim Spaziergang ist er jedoch ein ausdauernder Begleiter.

Der mittelgroße Irish Setter ist jetzt bei einer Tierschützerin untergebracht. Sollte sich niemand finden, der den Hund bei sich aufnehmen möchte, muß er wieder ins Tierheim.

Wer mag Rocky vor dem Tierheim bewahren? Näheres unter Telefon ...

„Rocky" sucht ein neues Zuhause

a Welche Wörter sind in dem Text groß geschrieben?

Substantiv
→ S. 118ff. **b** Ordne die Substantive nach folgender Tabelle:

Substantive mit Begleiter

bestimmter Artikel	unbestimmter Artikel	versteckter Artikel
?	?	?

c Bei welchen Substantiven fehlt der Begleiter? Wie kannst du dir bei diesen Substantiven weiterhelfen?

Substantive (Hauptwörter) kannst du an ihren **Begleitern** erkennen.
Begleiter können sein:
- **bestimmter Artikel**: der, das, den, dem, ...
- **unbestimmter Artikel**: eine, einem, ...
- **versteckter Artikel**: am – an dem, beim – bei dem, ...
- **Possessivpronomen**: mein, euer, ...

Substantive stehen auch **ohne Begleiter**:
- Eigenname: Rocky, Anna, ...
- Substantive im Plural: Im Tierheim sah er Hunde und Katzen.
  Du kannst den Begleiter mündlich ergänzen: (die) Hunde, (die) Katzen.
- Substantive im Singular: Es gab immer Ärger (der Ärger).

Rechtschreiben 107

2 Familienrat

Sabine hatte in der Zeitung die Anzeige des Tierschutzvereins gelesen. Sie rief den „Familienrat" zusammen, und mit Stimmenmehrheit wurde die Anschaffung eines Hundes aus dem Tierheim beschlossen. Sogar die Mutter, die am Anfang so sehr Angst vor Unordnung und Schmutz hatte, gab ihr Einverständnis.

* Vater lobte die Gutmütigkeit eines Schnauzers, weil diese Rasse in der Wohnung leicht zu halten sei. Die Kinder waren zunächst für einen Schäferhund, der sich besonders durch Wachsamkeit auszeichnet. Aber plötzlich war allen klar, daß sie sich nicht auf eine bestimmte Rasse festlegen sollten, denn fast jedes Tier aus einem Tierheim zeigt besondere Anhänglichkeit, wenn man erst einmal durch liebevolle Beschäftigung seine Freundschaft gewonnen hat.

a Schreibe aus dem Text alle Substantive mit Nachsilben heraus!

3 Immer Ärger mit den Nachsilben

| ALTERHEIT | EWIGTUM | EIGENKEIT |
| HINDERSCHAFT | NAHRNIS | FREUNDUNG |

a Ordne die Nachsilben richtig zu, und schreibe die Substantive mit Artikel ab!

b Findest du das Wort, zu dem drei verschiedene Nachsilben passen?

> -heit, -keit, -ung, -nis, -tum, -schaft sind Nachsilben, an denen du Substantive leicht erkennen kannst.

4 Grundregeln der hundepflege

Achtung! Der Begleiter kann auch versteckt sein.

Jedesmal, wenn ein hund von draußen in die wohnung kommt, mach ihm die pfoten sauber! Denk nur einmal daran, wie streusalz, das im winter verwendet wird, an den hundepfoten „beißt"! Auch soll dein hund möglichst täglich gekämmt und gebürstet werden, denn sauberkeit und richtige ernährung sind die beste voraussetzung für seine gesundheit.

a Schreibe den Text richtig ab!

b Unterstreiche Begleiter und Nachsilben!

5 Rätsel

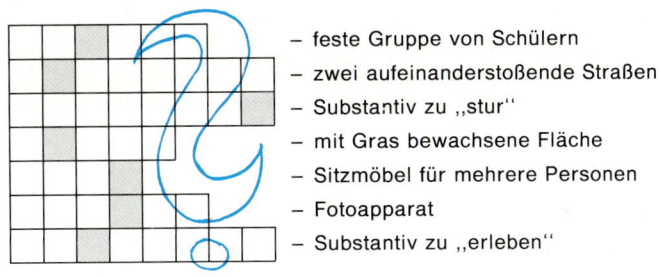

– feste Gruppe von Schülern
– zwei aufeinanderstoßende Straßen
– Substantiv zu „stur"
– mit Gras bewachsene Fläche
– Sitzmöbel für mehrere Personen
– Fotoapparat
– Substantiv zu „erleben"

Die Buchstaben in den grauen Kästchen nennen als Lösungswort das Haupterkennungsmerkmal für Substantive.

a Schreibe die Wörter mit Artikel im Singular und im Plural auf!

6 Münchhausens Ritt auf der Kanonenkugel

Auf einem Feldzug belagerten wir eine türkische Stadt. Ich wollte wissen, wie es in der riesigen Festung aussieht. Aber es war nach meinen Erfahrungen unmöglich, durch all die Vorposten, Gräben und Reiter hineinzukommen.

*Mutig stellte ich mich neben die größte Kanone, die in die Stadt hineinschoß. Als wieder abgefeuert wurde, sprang ich schnell auf die herauszischende Kugel. Ich wollte auf der Kugel zur Festung gelangen.

*Während des sausenden Fluges wuchsen allerdings meine Sorgen. Hinein kommst du leicht, dachte ich, aber wie kommst du wieder heraus? Im richtigen Augenblick flog mir geradewegs eine feindliche Kanonenkugel entgegen. Das war die Gelegenheit, umzukehren!

a Schreibe aus dem Text die Substantive heraus, bei denen der Begleiter fehlt oder sich versteckt hat!

Hilfe! Der Begleiter ist verschwunden.

Beispiel:

fehlender, mündlich zu ergänzender Artikel	versteckter Artikel	Artikel ... Substantiv
(der) Ritt	zur (zu der) Festung	eine türkische Stadt

b Übungstext: „Der Fisch mit der Wasserpistole", S. 90!

Verben werden zu Substantiven

1 Aus der Hausordnung einer Schule

- Das Betreten von Fachräumen ist nur mit dem Fachlehrer gestattet.
- Fenster und Türen sind beim Verlassen des Klassenzimmers zu schließen.
- Das Herumtoben in der Pausenhalle ist nicht erlaubt.
- Nach Unterrichtsschluß ist für das Aufstuhlen zu sorgen.
- Das Fahren mit Skateboards auf dem Schulgelände ist untersagt.

„Betreten" ist ein Verb. Warum ist es großgeschrieben?

Simsalabim, und schon ist es ein Substantiv: „das Betreten"

a Verben sind zu Substantiven geworden. Schreibe diese Substantive mit ihren Begleitern heraus!

Verben können zu Substantiven werden. Du kannst dies mit der „Begleiterprobe" erkennen, zum Beispiel das Fahren.

2 Zum 1. April haben Schüler ihre Hausordnung auf den Kopf gestellt:

DIE TAFEL WIRD DURCH DAS ANSTREICHEN MIT SENF SCHMACKHAFT

BEIM VERLASSEN DES ZIMMERS KNALLT MAN LAUT DIE TÜRE ZU

a Schreibe die Texte in gültiger Rechtschreibung ab!
b Du findest sicher ähnliche Beispiele.
Verwende dabei ebenfalls Substantive, die aus Verben entstanden sind!

3 Ihr plant eine Klassenparty und verteilt die Aufgaben:

zaubern
verkünden
vorführen
backen
schmücken
schreiben
malen
besorgen
vortragen
aufräumen

a Schreibe dir einen Merkzettel!
Verwende dabei substantivierte Verben!

Beispiele:
– Inge und Klaus übernehmen *das Schmücken* des Klassenzimmers.
– *Beim Zaubern* ist Wolfgang der Assistent.

Anredepronomen im Brief **1**

Nicht vergessen! Anredepronomen in Briefen schreibt man groß!

13. 7.
Liebe Martina!
Wir hoffen alle, daß Du Deine Operation gut überstanden hast und wünschen Dir weiterhin gute Besserung.
Demnächst taucht Besuch bei Dir auf, um Dich aufzumuntern.
Wir denken an Dich und grüßen alle herzlich
Deine Klasse 5a

Rechtschreiben 111

2

Kreiskrankenhaus, 18.7.19..

Liebe Klasse 5a!

Danke für 👉 Karte. Ich bin nun seit drei Tagen am Blinddarm operiert und habe, wie der Arzt meinte, meinen „Lügenbeutel" rausgemacht bekommen. Inzwischen geht es mir besser und meine Neugierde plagt mich: Wie war das Klassenfest? Ich habe gestern an 👉 gedacht und mich gefreut, daß 👉 gutes Wetter hattet und 👉 große „Show" auf dem Waldspielplatz bieten konntet. Peter, 👉 Zaubertricks hätte ich zu gerne erlebt, nachdem 👉 bei den Proben doch so lustige Pannen passiert sind! Ich hoffe, daß 👉 die Lehrer jetzt, kurz vor den Ferien nicht mehr so sehr stressen und würde mich freuen, von 👉 zu hören oder gar Besuch zu bekommen. Zehn Tage muß ich noch hier bleiben, und nachdem es mir besser geht, wird mir manchmal langweilig unter so vielen Erwachsenen.

Grüße an 👉 alle

Martina

a Schreibe ab, und setze ein!

b Du schreibst den gleichen Brief an deinen Schulfreund Peter/deine Schulfreundin Petra.

c Trage alle Anredepronomen aus dem Brief in folgende Tabelle ein:

Pluralform	Singularform
Euch	Dich

7. Silbentrennung

1 Der Platz reicht nicht aus!

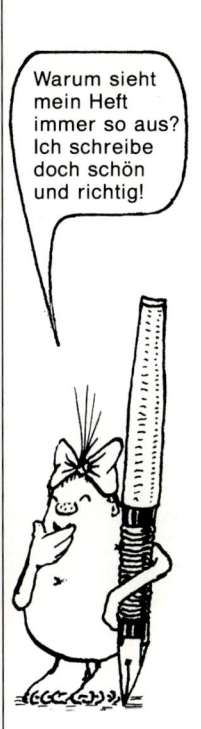

Warum sieht mein Heft immer so aus? Ich schreibe doch schön und richtig!

> Der Bauernhof von Schmidles ist schön groß. Da gibt es sehr viele Verstecke, die ich alle gut kenne. Ich helfe dem Bauer gerne im Stall, in der Werkstatt, auf dem Feld und im Wald. Der Bauer ist ein toller Tüftler, drei Wagen hat er schon allein gemacht. Von ihm kann man viel lernen. Manchmal darf ich auch mit einem Traktor fahren; er hat einen ganz kleinen, einen mittleren und einen ganz großen.

a Wenn Pfiffika einige Wörter trennt, sieht die Heftseite besser aus. Hilf ihr dabei!

b Nach welcher Regel hast du die Wörter getrennt?
Schreibe sie in dein Heft!

2 außer, Besen, Bluse, Boden, Bruder, Eile, Eimer, einen, fliehen, fließen, fragen, Frieden, gehen, gießen, graben, heizen, hören, Käse, Kino, kriechen, Küche, lachen, laufen, läuten, lesen, Möbel, Musik, niemand, Ruhe, Schere, schlafen, Speise, waschen, Weizen, zurück

a Die 35 Wörter müssen nach Wortarten sortiert und in ihre Sprechsilben zerlegt werden.

Substantive (16)	Verben (15)	andere Arten (4)
Besen: Be-sen	fliehen: flie-hen	außer: au-ßer
...	...	...

Rechtschreiben 113

3 Aus Fehlern lernt man:

> Wenns bei Schmidles nichts zum Helf-
> en gibt, spiel ich mit den Ka-
> tzen, manchmal auch mit mei-
> nem Bruder oder mit meinen Freund-
> innen. Manchmal steht ein a-
> ltes Auto auf dem Gelände hin-
> term Hof, dann spiele ich mit
> dem Auto alles Mögliche ...

mach-te, stimm-te, Be-sit-zer ...

a Hier wurde falsch getrennt. Wie sehen die richtigen Lösungen aus?

b
beurteilten, hatte, legten, stürzten, untersuchten, verständigten, Beichte, Ente, Fremde, Gemeinde, Farbe, Himmel, Mittag

Trenne die Wörter auf dieselbe Weise! (Einige kann man in mehr als zwei Silben zerlegen.)

4
> Aufgabenblatt für ___Martin___ von ___Alexandra___
> geholfen: ge-hol-fen   ...
> ...   ...

a Suche nach weiteren Wörtern, die auf dieselbe Weise getrennt werden! Schreibe sie auf ein Arbeitsblatt, und gib dieses deinem Tischnachbarn!

b
allein, also, Apfel, Bühne, dunkel, Eltern, endlich, Ernte, Finger, Gipfel, heftig, herrschen, herzlich, Hitze, kehren, klettern, klopfen, Knospe, lassen, leuchten, müssen, Nachbar, nämlich, nehmen, öffentlich, Pflanze, platzen, plötzlich, putzen, raspeln, sichtbar, während

Trenne die Wörter!

5 Rätsel

1. Kurze Strümpfe (bis zum Knöchel reichend)
2. Kurzbeinige Hunderasse
3. Gegenteil von „naß"
4. Einen Kuchen „machen"
5. Text mit eingefärbten Buchstaben auf Papier pressen
6. Einen Knopf betätigen
7. Einen Koffer füllen
8. Kirschen ernten
9. Sie führt über ein Tal, einen Fluß
10. Sie schlägt jede Stunde
11. Sie und die Hose ergeben einen Anzug

a Mit diesen Silben kannst du die Lösungswörter bilden:

bak-, Brük-, druk-, drük-, Dak-, Glok-, Jak- pak-, pflük-, Sok-, trok-;
ke, ke, ke, kel, ken, ken, ken, ken, ken, ken, ken;

b Vergleiche die Lösungswörter mit ihren jeweiligen Silben! Was verändert sich beim Trennen?
Beispiel: ba*c*ken: ba*k-k*en

c Erstellt gemeinsam ein kleines Rätsel mit folgenden Wörtern:
Zucker, Röcke, Deckel, wecken, gucken!

d Du kannst nun selbst ein Rätsel anfertigen. Vergiß das Lösungsblatt nicht!

Zum Einprägen **6**

*Trenne nie **st**, denn es tut ihm weh!*

Wörter mit *st* mußt du dir ganz besonders gut einprägen!

Bür-ste, Fen-ster, We-sten, hu-sten, ko-sten, mei-stens, lu-stig
Äng-ste, (am) be-sten, Schwe-ster, Wü-ste, lä-stig

a bür- …?…, dur- …?…, fin- …?…, Ki- …?…, Gä- …?…, ge- …?…, ha- …?…, Li- …?…

Um welche Wörter handelt es sich hier?

7 Einzelne Buchstaben nicht trennen!

a Suche weitere Beispiele!

Übungen **8**

Achtung	denn	irgendwo	selbständig
als	einst	Jagd	sonst
Anwendung	Entfernung	kam	trocken
Apfel	entschuldigen	kommt	Unterricht
Apfelsine	fiel	kriegen	vergessen
Artikel	frißt	Maschine	verlieren
Arzt	Gemüse	mehrere	vielleicht
Aufmerksamkeit	geschehen	meistens	wahrscheinlich
Auftrag	Getreide	merkwürdig	Weihnachten
Ausnahme	gewinnen	nacheinander	weißt
außer	hatte	nämlich	wollte
bißchen	heran	nimmt	wußte
bloß	herauf	öffnen	
Brücke	herein	Schallplatte	
Bürste	herum	Schokolade	
Bus	interessant	Schwierigkeit	

a Lies die Wörter nach Trennsilben!
Wenn dir ein Wort schwierig erscheint, schreibe es heraus!

b Schreibe die Wörter aus der Wörterkiste in 4 Gruppen auf:
– aus einer Sprechsilbe (14),
– aus zwei Sprechsilben (20),
– aus drei Sprechsilben (20),
– aus vier Sprechsilben (6).

c Wie sie alle lustig sind, flink und froh sich regen!
Amsel, Drossel, Fink und Star und die ganze Vogelschar
wünschen uns ein frohes Jahr, lauter Heil und Segen.

Schreibe diese Strophe des Volksliedes „Alle Vögel sind schon da" ab, und trenne, wo es möglich ist!

Sprachbetrachtung und Grammatik

1. Substantiv

1 Suchbild

Der Grafiker hat auf Seite 117 das Leben und Treiben in einer mittelalterlichen Stadt dargestellt. Dabei sind ihm Fehler unterlaufen.

a Schau dir das Bild genau an! Es enthält zehn Fehler.

b Schreibe die Bezeichnungen für diese Gegenstände heraus!

Substantive

> Wir bezeichnen mit Namenwörtern (**Substantive**) Lebewesen und Gegenstände. Substantive werden groß geschrieben.

Substantiv mit Artikel

2 Die mittelalterliche Stadt

Die Stadt Nürnberg glich einer Burg. Sie war mit einer dicken Mauer umgeben. Davor lag ein tiefer Wassergraben. Wer die Stadt besuchen wollte, mußte über eine Zugbrücke durch ein Stadttor gehen.
In der Stadt gab es ein Gewirr enger Straßen. Von der Durchgangsstraße
5 zweigten schmale Gäßchen nach rechts und links ab. Dort wohnten die Handwerker, die das gleiche Gewerbe ausübten. Der Töpfer wohnte also in der Töpfergasse, der Färber in dem Färbergraben.
Je mehr man sich dem Inneren der Stadt näherte, um so enger rückten die Häuser aneinander. Ursprünglich waren die Häuser ganz aus Holz gebaut,
10 später baute man aus Fachwerk und aus Ziegelstein. Die Häuser standen mit den Giebeln an der Gasse. Die Gassen waren so schmal, daß die Nachbarn sich die Hände geben konnten. Die Straßen waren meist gepflastert und voller Schmutz. Hühner, Enten, Gänse und Schweine trieben sich auf den Gassen umher. Das Regenwasser und das Abwasser sammelte sich in
15 den Straßenlöchern.

a Schreibe alle Substantive mit Begleiter heraus!

b Schreibe alle Substantive ohne Begleiter heraus!

Artikel

> Die Begleiter des Substantivs heißen **Artikel**. Es gibt bestimmte Artikel (der, die, das) und unbestimmte Artikel (ein, eine).

c Substantive lassen sich nach dem grammatischen Geschlecht (Genus) unterscheiden.

männlich (maskulin) *der, ein*	weiblich (feminin) *die, eine*	sächlich (neutrum) *das, ein*
der Stadtgraben	?	?

Bestimme das Geschlecht der Substantive, und trage sie mit ihrem Artikel in einer Tabelle ein!

d Ein Giebelspruch:
O lieber gott, mein haus beschütz vor dieben, wanzen, sturm und blitz! Oh halte fern vom leibe mir den doktor und gerichtsvollzieher!

Bestimme mit Hilfe von Artikeln die Substantive!
Schreibe den Giebelspruch als Gedicht ab!

e Einige Substantive haben ein doppeltes Geschlecht und damit auch verschiedene Bedeutung.

Beispiel:
die Kiefer   der Kiefer
Die Kiefer steht zwischen Laubbäumen.
Der Kiefer ist ein Teil des Kopfes.

Band, Bund, Tau, Tor, Flur, Steuer, Erbe, Schuld, See, Leiter, Schild

Verwende verschiedene Artikel, und erkläre die Bedeutung durch Sätze!

Substantiv im Singular, Plural

3 Die moderne Stadt

Die Altstadt mit ihren engen Gassen ist den Fußgängern vorbehalten. Hier treffen sich Reisende, Studenten, Geschäftsleute und Hausfrauen. Ohne von Autos belästigt zu werden, gehen sie ihren Geschäften nach.

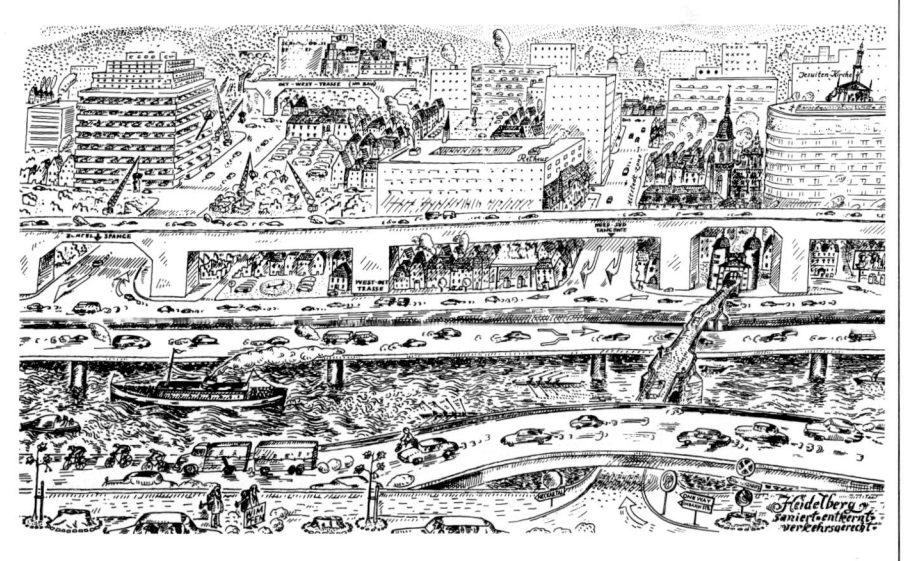

Von Ruhe ist nichts zu spüren. Die Menschen hetzen durch die Stadt, ver-
5 schwinden in Büros oder in Kaufhäusern. Fremde ziehen durch die Straßen, bewundern die Gebäude aus früherer Zeit, machen ein Foto und hören
aufmerksam den Worten des Führers zu. Sie halten sich nur kurz in der
Stadt auf, zu einem gemütlichen Gespräch im Straßencafé bleibt keine Zeit.
Der Bus wartet bereits, und der Zeitplan muß eingehalten werden.
10 Vereinzelt hat man alte Häuser abgerissen und durch moderne Betonbau-
ten ersetzt. Die Hochhäuser stören im alten Stadtbild. Heute würde man
solche Bausünden möglichst vermeiden.
Von der Ferne hört man den Lärm der Autos. Sie umfahren die Altstadt wie
eine Insel. So ist mindestens das Zentrum frei von giftigen Abgasen.

a Schreibe die Substantive heraus, und unterscheide nach Einzahl (Singular) oder Mehrzahl (Plural)!

> *Die Ruhe* und *der Lärm* bilden keine Pluralform.

Einzahl (Singular)	Mehrzahl (Plural)
die Altstadt	?
?	*die Gassen*

b

```
        Zahl
      (Numerus)
       /     \
   Einzahl   Mehrzahl
  (Singular) (Plural)
      |         |
  der Platz  die Plätze
```

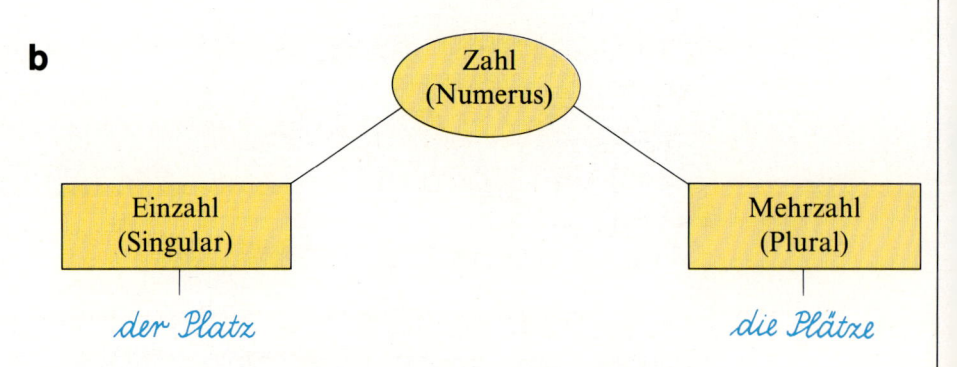

Bilde Singular oder Plural folgender Substantive!

Hund, Jungen, Besen, Bach, Mutter, Brote, Stuhl, Teppiche, Väter, Sessel, Garten, Rüssel, Heimkehrer, Freundinnen

c Bilde die Pluralform folgender Substantive! Achte auf die Endungen!

> das Hindernis, der Fluß, die Bluse, die Schülerin, der Biß, der Fuß, der Guß, der Gruß, der Riß, die Freundin, der Globus, der Muskel, der Junge, der Kerl

Genus
Numerus

> An der Form von Artikel und Substantiv lassen sich grammatisches Geschlecht (**Genus**) und Zahl (**Numerus**) ablesen.

4
> wieder, angst, ganz, mal, plötzlich, bald, jetzt, morgen, tag, abend, zeit, spaß, idee, herein, ende, fahrrad, hier, schluß, lehrer, jeder, beispiel

a In dem Wörterkasten sind 13 Substantive versteckt.
Schreibe sie mit ihrem Artikel heraus, und ordne sie nach dem Genus!

b Setze sie auch in den Plural!

5 Wenn wir keine Substantive hätten

> Gestern ging ich spazieren. Da sah ich ihn allein dort stehen. Plötzlich wurde sie grün. Alle gingen hinüber, und er ging mit. Als sie halb drüben waren, wurde sie auf einmal wieder rot. Sie gingen rasch weiter. Aber er blieb stehen, drehte sich um und rannte wie verrückt wieder zurück. Ob er rot oder grün unterscheiden konnte? Vielleicht aber hatte er etwas vergessen. Jedenfalls kam mir das ziemlich komisch vor.
> Jetzt schnupperte er heftig an ihm. Endlich konnte er es heben. Ob er gerade diesen gesucht hatte?

a Lies den Text laut vor! Warum ist er nicht verständlich?

b Wer ist hier wohl alles gemeint?
Schreibe den Text ab, und setze entsprechende Substantive ein!

Substantiv
im Singular
und Plural

6 Alte Jägerpoesie – oder: Wer ist das wohl?

Menschen, Hunde, Wölfe, Lüchse,
Katzen, Marder, Wiesel, Füchse,
Adler, Uhu, Raben, Krähen,

Jeder Habicht, den wir sehen,
Elstern auch nicht zu vergessen –
Alles, alles will ihn fressen.

a Bestimme das Genus der Substantive!

Sprachbetrachtung und Grammatik

2. Pronomen

Personal-
pronomen

1 Auf dem Heimweg

Hallo, Petra, morgen habe ich Geburtstag …

Ja, Thomas!

„Hallo Petra! Morgen habe ich Geburtstag. Ich möchte dich gerne einladen. Du hast doch Zeit?"
„Na klar, dafür immer!"
„Du, dann könnte ich dir auch mein neues Zimmer zeigen."
„Wann soll ich denn kommen? Es geht doch um drei Uhr? Aber Mensch, das hätte ich fast vergessen, wo wohnst du jetzt eigentlich?"
„Gleich hinter dem Schwimmbad, das hellgrüne Haus."
„Kommt Wolfgang auch? Der kennt den Weg bestimmt schon."
„Nein, er muß zum Zahnarzt, Spange regulieren. Aber deine Freundin Renate kommt. Sie kennt übrigens unser Haus. Dann kommen noch Anna und Tillmann."
„Machen wir auch Spiele? Vielleicht im Garten?"
„Klar, ich habe eine ganze Menge vorbereitet. Hoffentlich seid ihr keine Spielverderber!"
„Ich doch nicht! Das weißt du doch! Aber ob sie alle mitmachen werden?"

a Lest den Text mit verteilten Rollen!

b Wen meint Thomas mit *ich, du, er …*?
Wen meint Petra mit *ich, du, er …*?

Beispiel:
Thomas meint mit „ich" sich selbst.

Personal-
pronomen

> Die Wörter *ich, du, er/sie/es, wir, ihr, sie* nennen wir persönliche Fürwörter (**Personalpronomen**). Sie stehen häufig für Substantive oder Namen.

2 Purzel, die Geburtstagsüberraschung

Thomas hat heute Geburtstag. Thomas wird schon sehr früh wach. Aufgeregt läuft Thomas zu seinem Geburtstagstisch. „Recht mager, dieses Jahr", murmelt Thomas. Aber, was hört Thomas da? Unter dem Tisch sieht Thomas einen großen Korb, aus dem es merkwürdig fiept. Vorsichtig öffnet Thomas den Deckel. Auf dem Kissen liegt ein Hundebaby mit ganz großen Augen. Jubelnd nimmt Thomas den kleinen Hund heraus und streichelt ihn ganz vorsichtig. Begeistert ruft Thomas: „Du bist mein Purzel!"

a Schreibe den Text ab, und verbessere ihn!

b Thomas, ▆ gehst morgen in die Stadt und holst für Purzel Futter. ▆ kannst nicht den ganzen Tag mit ihm spielen. Übrigens ist ▆ schon gewachsen; ▆ werden bald ein größeres Körbchen für ihn kaufen müssen. ▆ ist in der Zwischenzeit etwas eng für ihn geworden.

Schreibe den Text ab, und setze ein!

Possessivpronomen

1 Lustige Streiterei

Hast du schon gehört? Meine Tochter hat eine Eins geschrieben. Dabei war die Mathearbeit schwer.

Was heißt hier „meine Tochter"? Ich habe mit Ulrike den ganzen Nachmittag gelernt ... Und die Aufgaben waren gar nicht so leicht mit Platzhalter und Lösungsmenge und so ... Aber was ich zu sagen vergessen habe, geh doch bitte mal einen Stock höher, und schau dir das Zimmer deines Sohnes an!
Wieso meines Sohnes? Er ist ja schließlich auch dein Sohn.
So, wenn Ulrike eine Eins geschrieben hat, dann ist sie deine Tochter, wenn Thomas alles Mögliche in den Ecken herumstehen hat, dann ist es mein Sohn.
Die gute Mathematikarbeit hat Ulrike geschrieben. Es ist also ihre Leistung. Die Unordnung im Zimmer ist Thomas' Sache. Es ist also seine Art von Ordnung. Aber Ulrike und Thomas sind doch unsere Kinder, nicht wahr?

a Wer „gehört" wem?

Possessivpronomen
> Die Wörter *mein, dein, sein/ihr, unser, euer, ihr* geben die Zugehörigkeit einer Person oder Sache an. Sie heißen besitzanzeigende Fürwörter (**Possessivpronomen**).
> Possessivpronomen können als Begleiter bei einem Substantiv stehen (*mein* Fahrrad, *deine* Rollschuhe).

b Bestimme im Text die Possessivpronomen, und schreibe sie heraus!

c

	Person	der Sohn	die Ordnung	das Zimmer
Singular	1. Person	mein Sohn		
	2. Person			
	3. Person		seine Ordnung	
Plural	1. Person			
	2. Person			
	3. Person			ihre Zimmer

Übertrage die Tabelle in dein Heft, und fülle sie entsprechend aus!

2 Verletzung der Aufsichtspflicht

Trotz Verbot ▬ Eltern holte Gerd den Ball aus ▬ Zimmer und spielte mit dem jüngeren Freund Fußball auf der Straße. In ▬ Alter hätte man von ihm verlangen können, daß er die Gefährlichkeit ▬ Spiels erkennt. Aber auch ▬ Eltern waren nicht ganz frei von Schuld. Sie hatten gewußt, daß es für ▬ Sohn Gerd keine Schwierigkeit gab, an den Ball heranzukommen. Da sie ▬ Zimmer nicht abgeschlossen oder streng überwacht hatten, verletzten sie ▬ Aufsichtspflicht und machten sich schadenersatzpflichtig.

a Schreibe den Text ab, und setze Artikel oder Possessivpronomen ein! Begründe!

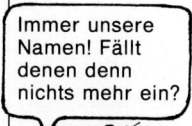

Immer unsere Namen! Fällt denen denn nichts mehr ein?

3 Die Pfützen und die Namen

Skribifax und Pfiffika spielten zusammen auf dem matschigen Spielplatz. Skribifax platschte genau vor Pfiffika in eine Pfütze, und Pfiffikas Jacke und Pfiffikas Hose waren schmutzig. Pfiffika war zornig, und Pfiffika überlegte sich, wie Pfiffika Skribifax reinlegen könnte.

Es gibt doch auch Pronomen!

⁵ Pfiffika blieb ganz ruhig, Pfiffika schniefte und schniefte und suchte nach Pfiffikas Taschentuch. Pfiffika konnte aber das Taschentuch nicht finden. Daher bat Pfiffika Skribifax: „Kann Skribifax Pfiffika Skribifax' Taschentuch leihen?"
Skribifax kramte in Skribifax' Hosentasche, und – welch Wunder! – Skribi-
¹⁰ fax fand ein sauberes Taschentuch. Skribifax gab Pfiffika das Taschentuch, aber Pfiffika putzte mit dem Taschentuch Pfiffikas Jacke, Pfiffikas Hose und Pfiffikas Schuhe. – Puh, sah Skribifax' Taschentuch aus. Grinsend gab Pfiffika Skribifax Skribifax' Taschentuch zurück: „Skribifax sollte Skribifax' Taschentuch mal waschen lassen."
¹⁵ Schnell drehte sich Pfiffika um, und Pfiffika rannte davon. Skribifax rannte Pfiffika nach, und platsch! lag Skribifax in einer Pfütze.
Na, Skribifax' und Pfiffikas Eltern werden sich wohl über Skribifax' und Pfiffikas Kleider gefreut haben.

a Schreibe den Text ab, setze Personal- und Possessivpronomen ein!

Reflexivpronomen

1 Die Kinder verstecken sich

Die Kinder verstecken sich hinter den Beerenbüschen
Die Kinder verstecken sich hinter einem Holzstuhl
Die Kinder verstecken sich hinter einem Käfer
Die Kinder verstecken sich hinter einem Vater und einer Mutter
Die Kinder sagen ticktack
Die Kinder sagen sumsum
Die Kinder verstecken sich hinter ticktack und sumsum
Die Kinder verstecken sich hinter der Sonne.

Elisabeth Borchers

a Können sich Kinder hinter der Sonne verstecken? Was meint die Autorin mit „sich verstecken" in den einzelnen Sätzen?

Reflexivpronomen

Subjekt → S. 150

Die Wörter   mir, dir, sich – uns, euch, sich
   mich, dich, sich – uns, euch, sich
heißen rückbezügliche Fürwörter (**Reflexivpronomen**).
Sie beziehen sich auf das Subjekt.

Du versteckst dich.
Die Kinder verstecken sich hinter einem Käfer.
Wir verstecken uns hinter den Beerenbüschen.

Sprachbetrachtung und Grammatik

2 Wer versteckt sich wo?

Paul, wo versteckst du ▆?
Ich verstecke ▆ hinter dem Schrank.
Ach was, du könntest ▆ auch einmal etwas anderes einfallen lassen.
Wo versteckt denn ihr ▆?
Wir? Wir sind ▆ noch nicht schlüssig, wir beraten ▆ noch.
Hast du eine Idee, wo wir ▆ verstecken könnten?
Ja, ihr könntet ▆ auf dem Heuschober verstecken.
Ist das nicht außerhalb des Suchkreises? Wir hätten ▆ mit Thomas über die Größe des Suchfeldes absprechen sollen.
Paul, ich erinnere ▆ noch, wo ▆ Uwe das letzte Mal versteckt hat. Das hat ▆ gar nicht gefallen.
Wo war das denn?
Im Hühnerstall.
Täuschst du ▆ da nicht? Da hätte er ▆ doch nicht hingetraut.

a Schreibe den Text ab, und setze ein!

b Unterstreiche die eingesetzten Wörter!

c Bilde Sätze mit *sich waschen, sich erinnern, sich freuen, sich vorstellen, sich verlieben, sich bemühen, sich denken, sich losreißen*!

3 Peter erzählt: War das eine Hetze

Am frühen Morgen wollten wir ▆ auf den Weg nach Süden machen, deswegen ließen ▆ ▆ bereits um fünf Uhr wecken. „Aber wasche ▆ ja, bevor ▆ ▆ anziehst!" rief ▆ Mutter zu.
„Als ob ich ▆ schon einmal nicht gewaschen hätte", dachte ▆ ärgerlich, als ▆ ▆ auf den Weg ins Bad machte. Aber das Bad war besetzt.
„Beeile ▆ doch!" drängte ▆ meine Schwester, obwohl ich ▆ sonst nicht getraue, ihr Anweisungen zu geben. Aber heute verstanden wir ▆. Sie ließ ▆ sofort ins Bad.
Da wunderte ▆ Mutter sehr. „Könnt ihr ▆ je erinnern, wann ihr ▆ so nett behandelt habt?" fragte sie ▆. Vater, der ▆ zunächst zurückhielt, meinte dann schließlich: „Vielleicht vertragt ihr ▆ ab heute besser."

a Setze die passenden Personal- und Reflexivpronomen ein! Unterstreiche die Reflexivpronomen!

b *Ich erinnere mich, du erinnerst* ▆, *sie erinnert* ▆, *wir erinnern* ▆, *ihr erinnert* ▆, *sie erinnern* ▆.

3. Verb

1 Heute gibt es Sopresa*

Saskia und Tillmann kochen allein.

1. Zubereitung
4 Liter Wasser kochen. Leicht salzen. Spaghetti locker in das kochende Wasser legen. Öfter umrühren. 9–12 Minuten kochen. In ein Sieb abschütten. Mit kaltem Wasser abschrecken. Den Beutel mit Tomatenmark aufschneiden. Das Tomatenmark in einen kleinen Topf geben. Den leeren Beutel mit Wasser füllen. Wasser zum Tomatenmark gießen. Würzmischung und 1 Stückchen Butter beimengen und aufkochen.
2. Anrichten
Spaghetti portionsweise auf die Teller verteilen. Tomatensoße darüber geben und mit Parmesan bestreuen.

a Hast du schon einmal allein gekocht? Erzähle!

b Mit welchen Wörtern wird gesagt, was Saskia und Tillmann **tun** sollen? Schreibe sie heraus!

Verb | Wörter wie *kochen* nennen wir Tätigkeitswörter (**Verben**).

c Tillmann fragt Saskia: „Was soll ich tun?"
„Du machst die Tomatensoße. Dazu schneidest du ..." Wie geht Saskias Anweisung wohl weiter?

Infinitiv/Personalform | Verben stehen entweder in der Grundform, (im **Infinitiv**: koch*en*) oder in einer **Personalform** (*ich* koche, *du* koch*st*). Für die Personalform gibt es verschiedene Endungen.

* Name ist frei erfunden.

Sprachbetrachtung und Grammatik

d Schreibe die Verben des Rezepts in eine Tabelle!

Beispiel:

Infinitiv	Personalform					
	ich	du	er/sie/es	wir	ihr	sie
kochen	koche	kochst	kocht	kochen	kocht	kochen
...	...	...	...	...	...	...

> Die Veränderung der Personalform (*ich* koche, *du* koch*st*, ...) nennen wir **Konjugation**. Ein Verb wird also konjugiert.

e Verbkiste

> essen, erzählen, fahren, gehen, lassen, lesen, messen, kommen, nehmen, sehen, sitzen, spielen, vergessen, wissen

Setze diese Infinitive in verschiedene Personalformen!

Beispiel:
essen: ich esse, du ißt, er ...

2 So abwechslungsreich ist Sopresa

> - 1 Bund Suppengrün putzen, waschen und fein schneiden. 1 mittelgroße Zwiebel würfeln. 1 Knoblauchzehe mit einer Gabel zerdrücken. 500 g Hackfleisch in 2 Eßlöffel heißem Öl gut durchbraten. Vorbereitetes Gemüse dazugeben. 10 Minuten durchdünsten. Zubereitete Tomatensoße zu der Fleisch-Gemüse-Masse geben und einmal aufkochen.
> - Thunfisch aus der Dose (225 g) mit kaltem Wasser überbrausen und in Stückchen zerpflücken. Erbsen (225 g) in einem Sieb abtropfen. Vorbereitete Zutaten unter die gekochten heißen Spaghetti mischen.

a Bei diesen Gerichten ist Vater dabei. Er weist an: „Tillmann, putze, wasche und ...! Saskia, ...!"
Bilde aus den beiden Rezepten ähnliche Sätze! Achte auf das Satzschlußzeichen!

Imperativ

> Die Verbform *putze!*, *wasche!* heißt Befehlsform (**Imperativ**).
> Mit ihr geben wir an, was jemand tun oder unterlassen soll.

Sprachbetrachtung und Grammatik

b Wie ändert sich der Imperativ, wenn sich der Vater an beide Kinder wendet?

c Setze Verben aus der Verbkiste in den Imperativ!

> Achtung, Achtung!
> Da gibt es besondere Formen.
> Das heißt **iß**!, schon gar nicht „esse"!!

d Aufforderungen

> – Du kochst 4 Liter Wasser und salzt es.
> – 4 Liter Wasser kochen und leicht salzen
> – Koche 4 Liter Wasser, und salze es leicht!

Bei welchen Gelegenheiten wählt man die Du-Form, bei welchen den Infinitiv oder den Imperativ!

3 Pfannkuchen

Mhm, mit Quark gefüllt!

Oder mit Aprikosen lecker!

250 g Mehl
1 Prise Salz
1/2 l Milch (kalt)
2–3 Eier
100 g Fett

Mehl in Schüssel (...), Grube (...), Salz (...). Von der Mehlgrube aus das Mehl mit Milch (...), Eier (...). Fett in einer Stielpfanne (...). Teig mit einem Schöpflöffel (...) und die Pfanne dabei (...), damit sich der Teig gleichmäßig verteilt. Nach dem Anbacken Pfannkuchen (...) und die zweite Seite (...). Fertige Pfannkuchen mit Quark oder Aprikosen (...) und (...).

> anrühren, backen, dazugeben, eingießen, einstreuen, formen, füllen, neigen, rollen, sieben, wenden

a Schreibe das Rezept im Infinitiv, in der Du-Form oder im Imperativ!

b Wie wirken die verschiedenen Verbformen auf den Leser?

Sprachbetrachtung und Grammatik

4 Vorsicht rund um den Herd

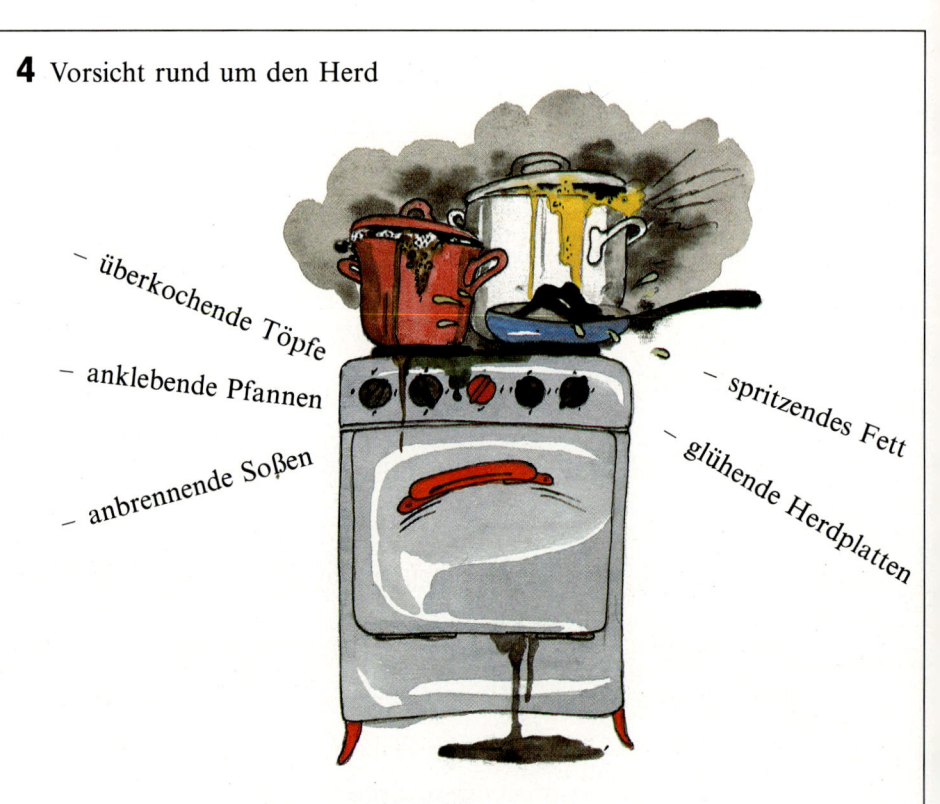

- überkochende Töpfe
- anklebende Pfannen
- anbrennende Soßen
- spritzendes Fett
- glühende Herdplatten

a In welchen fünf Wörtern steckt ein Verb? Schreibe diese Wörter heraus, und setze sie in den Infinitiv!

Partizip Präsens

> Wir nennen diese Verbform **Partizip Präsens**. Das Verb *gehen* wird zu *gehend*. Alle Partizipien Präsens haben die Endung *-end*.

b
> Aller Anfang ist schwer
>
> Der Teig ist in Ordnung. Jetzt wird es für Saskia und Tillmann (aufregen). Das Fett ist heiß. Tillmann gießt den Teig in das Fett (zögern, sieden). Zu viel und zu schnell! Und er hat einen Fleck auf dem Pullover (bezaubern). Er knallt die Pfanne auf eine kalte Platte und schimpft mit Saskia (wüten, grinsen): „Mach's doch besser!"
> Sie nimmt die Pfanne und stellt sie auf die Herdplatte (noch glühen). Der Teig wird schnell fest. Bevor sie den Pfannkuchen wenden kann, ist er schon schwarz (kleben). „Hihi, den Klumpen wirfst du am besten weg," meint Tillmann (stinken, lachen).

Schreibe den Text ab, und setze Partizipien ein!

Sprachbetrachtung und Grammatik

5 Aus dem Stichwortverzeichnis eines Kochbuchs

Fisch,		Gemüse,	
gebacken	90	gedünstet	42
gebraten	92	gefüllt	43
gedämpft	94	gegart	44
gekocht	96	überbacken	45
		Salat,	
Fleisch,		gekocht	28
gebraten	69	roh	29
gegrillt	70	Suppen,	
gekocht	72	eingestreut	17
geschmort	74	gebunden	15
gespickt	76	klar	16
paniert	76	Teigwaren,	
		geschwenkt	21
		geröstet	22

a Du findest 16 verschiedene Verben in den Wörtern versteckt. Schreibe sie im Infinitiv heraus!

> Diese Verbform heißt **Partizip Perfekt**. Sie wird meist mit der Vorsilbe **ge-** gebildet: **ge**backen.

Partizip Perfekt **b**

- die Karten (abholen)
- der Reifen (abfahren)
- das Heft (finden)
- das Mofa (frisieren)
- die Bäume (fällen)
- das Auto (reparieren)
- der Sportler (verletzen)
- die Radtour (planen)
- die Flaschen (abgeben)
- das Flugzeug (landen)
- das Schwimmzeug (vergessen)
- die Geschichte (erzählen)
- das Fahrrad (leihen)
- die Bücher (lesen)
- der Schlüssel (verlieren)
- das Fest (gelingen)
- die Klassenfahrt (verregnen)
- der Abfall (aufsammeln)

Forme um!

Beispiel:
das Rezept (abschreiben) → das ab**ge**schriebene Rezept

c Meist wird das Partizip Perfekt mit der Vorsilbe **ge-** gebildet. Überprüfe die Beispiele aus Aufgabe **b**!

1 Fußballreportage

„… Werder Bremen kommt jetzt mit Dressel, der ein großes Spiel macht; er wird gefoult von Borchers. So, er tritt den Freistoß selbst. Der Ball ist bereits in der Hälfte der Frankfurter. Da bietet sich auf der linken Seite der neue Mann an; Trapp ist das – und verliert den Ball.
Aber jetzt kommen die Frankfurter durch Helmut Müller, ist im Strafraum der Bremer, muß flanken; Burdenski, wo bist du? Und Röber rettet mit Kopfball zur Ecke. Grabowski läßt sich viel Zeit. Jetzt hat er es eilig, legt den Ball hin. Von der linken Seite kommt der Ball. Alle außer Tormann Funk stehen in der Hälfte der Bremer. Der Ball kommt Richtung Tor – Burdenski wehrt ab. Hölzenbein spielt noch einmal auf Grabowski, auf den linken Flügel, aber der dribbelt und weiß im Moment nicht, was er machen soll.
Es heißt 4 : 3 für Werder – zurück ins Funkhaus."

a Lies den Text wie ein Reporter vor!

b Wann spricht der Reporter, wann ereignet sich das Spiel? Suche dazu Textstellen!

c Welche Personalformen des Verbs findest du? Setze einige Verben in die 2. Person Singular!

Tempus: Präsens

Wenn etwas jetzt geschieht, also in der Gegenwart, dann verwenden wir als Zeitform (**Tempus**) des Verbs das **Präsens**.

2 Was ein Kind gesagt bekommt

Der liebe Gott sieht alles.
Man spart für den Fall des Falles.
Die werden nichts, die nichts taugen.
Schmökern ist schlecht für die Augen.
Kohlentragen stärkt die Glieder.
Die schöne Kinderzeit, die kommt nicht wieder.
Man lacht nicht über ein Gebrechen.
Du sollst Erwachsenen nicht widersprechen.
Man greift nicht zuerst in die Schüssel bei Tisch.
Sonntagsspaziergang macht frisch.
Zum Alter ist man ehrerbötig.
Süßigkeiten sind für den Körper nicht nötig.
Kartoffeln sind gesund.
Ein Kind hält seinen Mund.

Bertolt Brecht

a „Ein Kind hält seinen Mund."
Fordert Bertolt Brecht die Kinder dazu wirklich auf? Was meinst du?

b Was will er den Kindern mit diesen Redensarten klarmachen?

c Warum verwendet er dazu das Präsens?

3 Saskias Geburtstagsparty

Morgen (einladen) ich meine Klasse zu einer Geburtstagsparty. Ich (wissen) noch nicht, wer alles (kommen). Mein Bruder Tillmann (besorgen) heute mittag noch die Lampions. Hoffentlich (vergessen) er sie nicht. Ich (messen) dann die Entfernung zwischen den beiden Obstbäumen, ob die Schnur für die Lampions (passen).
Meine Mutter (einkaufen) frisches Obst. Das (pressen) sie zu Saft. Tillmann (grillen) Würste. Achtung vor Hasso, unserm Dackel, der alles (auffressen). Aber mein Bruder (aufpassen) schon.

a Schreibe den Text ab! Setze dabei die Verben ins Präsens!

b Die Party findet erst morgen statt.
Wofür kann man daher das Präsens also noch verwenden?

Aufgaben des Präsens

> In der Fußballreportage, im Gedicht „Was ein Kind gesagt bekommt" und in „Saskias Geburtstagsparty" steht das **Präsens**. Es verweist auf die Gegenwart, die Zeitlosigkeit und die Zukunft.

4 Die Sportstunde

Bei der Übung „Grätsche am Bock" stürzt Tillmann. Sein Mitschüler Marc erzählt in der Pause:

„Mensch, ist das heute im Sport ein Trubel gewesen. Tillmann, der mit der Brille, der mir letzte Woche gegen das Schienbein gefahren ist, den hat es heute sauber auf die Nase gedonnert. Der hat ganz fürchterlich geblutet. Wahrscheinlich ist sie gebrochen. Wir haben ihn nicht mehr gekriegt, weil er ganz plötzlich bei der Grätsche seine Haxen angezogen hat. Ich glaube, der hat Angst gehabt. Vielleicht ist er auch schon beim Absprung hängen geblieben. Der Lehrer Kappel ist käseweiß geworden …"

a Wann ereignet sich der Unfall, wann erzählt Marc?

b Die Zeitform, das Tempus, im ersten Satz lautet:
„Mensch, ist das heute im Sport ein Trubel gewesen."
Schreibe die übrigen Zeitformen aus dem Text heraus!

Tempus: Perfekt

> Diese Zeitform (dieses Tempus) heißt **Perfekt**. Mit dem Perfekt verweisen wir vor allem in der gesprochenen Sprache auf die Vergangenheit. Das Perfekt wird mit den Hilfsverben *haben* oder *sein* und dem **Partizip Perfekt** gebildet (*ist … gewesen, hat … gesagt*).

c Untersuche die Perfektformen!

Beispiel:

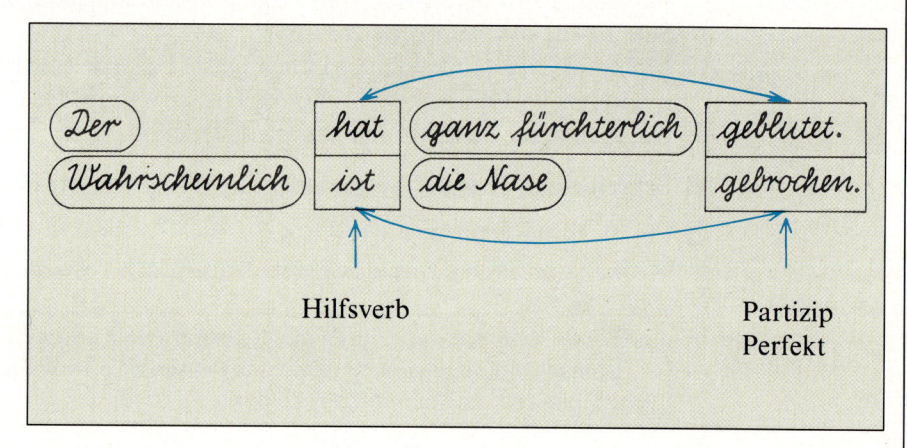

Der — *hat* — *ganz fürchterlich* — *geblutet.*
Wahrscheinlich — *ist* — *die Nase* — *gebrochen.*

↑ Hilfsverb   ↑ Partizip Perfekt

5 Am Telefon

Nach Saskias Geburtstagsparty ruft ihre Tante Gisela an. „Na, wie steht's, wie geht's?" – „Du, Tante Gisela, heut' hab' ich meine Klasse eingeladen…"

a Wie geht das Telefongespräch vermutlich weiter? Du kannst dazu Text **3** auf Seite 133 verwenden.

b Saskias kleine Schwester Eva hat noch Probleme beim Perfekt. Sie sagt: „Da hat aber Eva gut gegeßt und getrinkt."

Bilde das Perfekt der folgenden Verben!

> antworten, bekommen, belohnen, brauchen, binden, essen, erschrecken, erzählen, fahren, fangen, fallen, fehlen, geben, gehen, geschehen, halten, lesen, lassen, lernen, messen, nehmen, passieren, rennen, rufen, sagen, sitzen, setzen, sehen, stehen, stellen, trinken, vergessen, wissen

6 Lehrerbericht

> Am 2o. Oktober 19.. übte ich mit der Klasse 5a die Grätsche am Bock. Ich stand in etwa fünf Meter Entfernung zum Geschehen, um die einzelnen Sprünge genauer beobachten zu können. Die ersten zwölf Schüler führten ihren Sprung einwandfrei aus. Der Schüler Tillmann P. erwischte beim Absprung das Brett zu weit vorne, so daß sein rechter Fuß umknickte und er mit dem Kopf rechts neben der Matte auf dem Boden aufschlug. Die richtig postierte Hilfestellung konnte ihn nicht mehr fassen. Die Nase blutete stark, sein rechtes Fußgelenk schwoll an. Nach Leistung der ersten Hilfe ließ ich den Schularzt Dr. Scholz rufen, der um 1o.3o Uhr eintraf. Der Arzt brachte den Schüler sofort ins Krankenhaus, der Schulleiter verständigte telefonisch die Eltern.
>
> Jörg Kappel, Sportlehrer

Tempus: Präteritum

a Vergleiche den Lehrerbericht mit Marcs Erzählung auf S. 134! Achte dabei vor allem auf die Verbformen!

> Als Zeitform (**Tempus**) für einen schriftlichen Bericht (oder eine schriftliche Erzählung) verwenden wir das **Präteritum**.

b Schreibe die Verbformen aus dem Bericht heraus, und vergleiche sie mit dem Präsens und dem Perfekt!

Präsens	Perfekt	Präteritum
ich übe	ich habe geübt	ich übte
?	?	?

c Bilde das Präteritum der Verben aus der Verbkiste von S. 135!

Beispiel:
antworten: ich antwortete, ...
bekommen: ich bekam, ...

d Untersuche die Zeitform (das Tempus) in den Texten auf S. 27/28 und S. 159!

7 Tillmann erzählt seinen Eltern den Unfallhergang

> „Das ist ganz schrecklich gewesen. Der Kappel hat mich angeschrien, ich soll endlich springen. Der Werner vor mir hat schon getrödelt und ist auch am Bock hängen geblieben. Der Kappel hat einfach aufhören wollen. Ich bin dann sofort losgerannt, bin aber schon aufgeregt gewesen. Kurz vor dem Bock hat noch einer blöd dazwischen geschrien. Ich glaube, es ist der Andy gewesen, und schon bin ich über den Bock geflogen. Meine Nase hat furchtbar weh getan. Der Kappel ist hergerannt und hat geguckt, was los ist, dann sind auch die anderen gekommen. Der Kappel ist daraufhin zum Telefonieren gegangen."

a Schreibe diese mündliche Erzählung als schriftlichen Bericht! Setze die Verben ins Präteritum!

b Was kannst du noch an Tillmans Erzählung verändern?

4. Adjektiv

1 Während der Spielpause

„Wir brauchen unbedingt einen weiteren Spieler!" erklärte der Trainer.
„Ich habe einen Freund. Er heißt Udo; der würde gerne mitmachen", sagte Stefan.
„Was für ein Kerl ist er denn?" fragte der Trainer.
„Udo ist wendig."
„Udo ist ..."

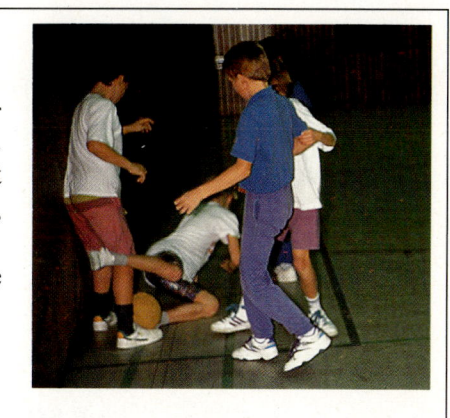

a Welche Eigenschaften sollte Udo haben, damit ihn der Trainer in die Mannschaft aufnimmt?

b Welche Eigenschaften sollte die Turnhalle haben, damit Fußballspielen Spaß macht?

2 Verloren – Gefunden

Jochen hat seine Rollschuhe in der Straßenbahn vergessen.

a Auf dem Fundbüro versucht er sich zu erinnern, wie sie eigentlich ausgesehen haben.
Du kannst ihm sicher dabei helfen.

Adjektiv | Mit **Adjektiven** benennen wir die Eigenschaften von Lebewesen, Gegenständen und Vorgängen.

Sprachbetrachtung und Grammatik

3 Werbesprüche

HIMMLISCHES FAHRGEFÜHL MIT DER KUTSCHE

Kaufen Sie aprilfrisches Joghurt!

Käse mit orangigen Haferflocken

DAS EINMALIGE HÖRERLEBNIS

Nussiger Milchshake schmeckt im Glas

Heiße Schoko im gemütlichen Lokal

Prägen Sie Ihre persönliche Medaille

Unsere Spaghetti, ein neues Eßerlebnis

a Bestimme die Adjektive in den Werbesprüchen! Du kannst fragen: Wie? Was für ein? Welche?

Beispiel: Was für ein Fahrgefühl? – Ein *himmlisches* Fahrgefühl.

b Schreibe selbst lustige Werbesprüche!

c Adjektive kennzeichnen Substantive näher.

Beispiel: das interessante Spiel, das fröhliche Spiel, das langweilige Spiel, das kunstvolle Spiel, das lahme Spiel, das trickreiche Spiel, ...

Suche passende Adjektive zu den folgenden Substantiven!

> die Maus, der Hase, die Arbeit, der Pfirsich, die Nuß, die Kreide, das Moped, der Ball

4 Damenfußball

Gerade kommt ein ▒ Steilpaß von der Verteidigerin Uta. Beate schnellt hoch und kommt ihrer ▒ Gegnerin mit einem ▒ Kopfball zuvor. Zu Spielbeginn hat noch ein ▒ Stirnband ihre ▒ Haare gebändigt. Im Eifer des Gefechts ist es jedoch verloren gegangen. Jetzt flattern die ▒ Strähnen um ihr ▒ Gesicht. Ein ▒ Schmutzstreifen zieht sich quer über die Stupsnase. Die ▒ Zunge bemüht sich vergeblich, die ▒ Schweißtropfen um die Lippen zu erwischen. Heute macht es Beate gar nichts aus, daß man ihre ▒ Zahnspange sieht.

lang, flink, wendig, elegant, kräftig, sportlich, groß, schlank, bunt, sauber, blau, braun, strähnig, wild, naß, blaß, hochrot, dunkel, dick, schmal, länglich, klein, sommersprossig, trocken, spitz, salzig, silberfarbig, metallig, dunkel, wach, ehrlich, neutral, korrekt, genau, dürr, stolz

a Schreibe ab, und setze treffende Adjektive in die Lücken!

5 Zahlenre4e

Kleiner Streit

„Ich bin 2fellos größer als du",
sprach zum Einer der Zweier.

„3ster Kerl, prahle nicht so!"
knurrte der größere Dreier.

„Und ich!" rief der Einer, „bin zwar der kl1te,
aber dafür bestimmt auch der f1te."

„Nein, mir gibt man sogar noch den Sch0er",
piepste der Nuller.   *Hans Manz*

a Die Zahlen vergleichen sich.
Woran ist die Ungleichheit sprachlich zu erkennen?

b Schreibe das Gedicht ab, und unterstreiche die Adjektive!

c Buchenblatt   Birkenblatt   Eichenblatt   Ahornblatt

Vergleiche die Größe der Blätter, und ordne deine Sätze nach Gleichheit und Ungleichheit!

6 GUT – BESSER – AM BESTEN

Ihre Wohnung – der schönste Platz

Kuchen von B...
So locker, so leicht – wie selbstgebacken

Mitmachen ist wichtiger als Leistung zeigen

Wir nehmen nichts WICHTIGER als Sie!

... wir machen aus Gutem das Beste

INTERCITY
Nur fliegen ist schöner

COLUMBIA*-KAFFEE!
Höchste Qualität zu günstigsten Preisen

Die Marathonbatterie – so alt wie die Kraftfahrt
so jung wie der Fortschritt

Das neue FRUCHTA*
Schmeckt noch ORANGIGER

ELEXIRA* – NIE WAR ES SO WERTVOLL WIE HEUTE

* Die Namen sind erfunden

a Suche die Adjektive in den Werbesprüchen!

Vergleichsstufen

	Von den meisten Adjektiven lassen sich Vergleichsstufen bilden:	
Positiv	**Komparativ**	**Superlativ**
1. Vergleichsstufe	2. Vergleichsstufe	3. Vergleichsstufe
so *schön* wie	*schöner* als	am *schönsten*
so *gut* wie	*besser* als	am *besten*

b Ordne die Adjektive in den Werbesprüchen diesen Vergleichsstufen zu!

c Vergleiche nach folgenden Gesichtspunkten!

Höhe: Turm, Haus, Hütte
Länge: Fluß, Dorfstraße, Gartenschlauch
Helligkeit: Sonne, Taschenlampe, Kerze

Schnelligkeit:

Größe:

Bilde entsprechende Sätze!

Beispiel:
Der Falke ist schneller als der Hund.

d Bilde die Vergleichsstufen zu *klein, alt, dick, fleißig, gut, stark, dürr* …!

e Es gibt andere Vergleichsformen des Adjektivs.

Benenne die Farben!

Sprachbetrachtung und Grammatik

7 Auch hier wird verglichen

groß	?	?
riesengroß	pechschwarz	pfeilschnell
hart	süß	blaß
stahlhart	?	?
	weiß	jung
	?	?

a Übertrage die Tabelle, und fülle sie aus!
b Welche Bedeutung haben die zusammengesetzten Adjektive?

8 Naß bis auf die Haut

Der Wanderer kam mit <u>sehr nassen</u> Kleidern in der Hütte an. <u>Sehr müde</u> ließ er sich auf einer Bank nieder und schneuzte seine Nase. Dann rieb er seine Hände; wir hatten den Eindruck, als seien sie <u>besonders kalt</u>.
Der junge Tischnachbar mit <u>besonders blondem</u> Haar kam mit dem Mann ins Gespräch. Dieser erzählte, daß er sich heute morgen bei <u>sehr blauem</u> Himmel auf den Weg zur Hütte gemacht habe. Aber bald seien <u>besonders dunkle</u> Wolken aufgezogen. In der Zwischenzeit brachte die Wirtin einen <u>sehr heißen</u> Tee. Und kurze Zeit später erzählte der Wanderer mit <u>sehr rotem</u> Kopf von dem Wettersturz. Dabei machte er ein <u>ungewöhnlich ernstes</u> Gesicht.

a Ersetze die unterstrichenen Wörter durch genauere Adjektive!

Beispiel: sehr naß: tropfnaß
         sehr müde: ?

b Ersetze!

sehr gelb	sehr frech	sehr leicht
sehr weich	sehr flink	sehr lahm
sehr reich	sehr alt	sehr groß
sehr billig	sehr stark	sehr hell

5. Wortfamilie – Wortfeld

1 Reisen und kein Ende

Weltreise	Sommerreise
Reiselust	Reiseleiter
Dienstreise	Auslandsreise
Reisewecker	Reiseandenken
Eisenbahnreise	Vergnügungsreise
Reiseprogramm	Reisegesellschaft
Gesellschaftsreise	Studienreise
Reisebekanntschaft	Reisebericht
Geschäftsreise	Traumreise
Reisevertreter	Reisefieber
Ferienreise	Autoreise
Reisegepäck	...
Luftreise	
Reisegeld	

Tilde Michels (gekürzt)

a Schreibe den Text weiter!

b Weltreise, reisen, abreisen, verreisen ...
Suche weitere Verben und Substantive zum Stamm /reis/!

Wortfamilie | Alle Wörter, die den gleichen Stamm enthalten, gehören zur selben **Wortfamilie**.

2 Eine weitere Wortfamilie

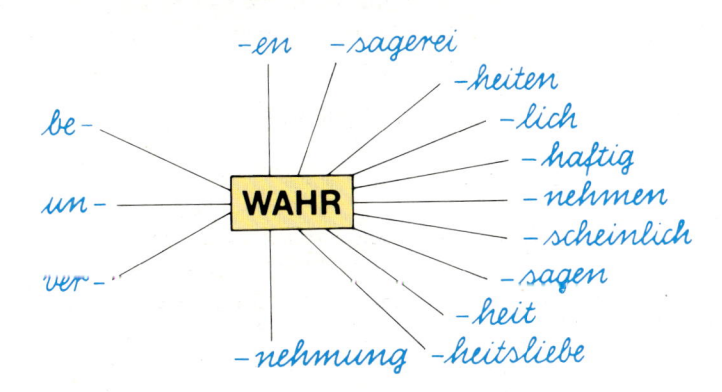

Vorsilben und Nachsilben zum Stamm **WAHR**:
be-, un-, ver-, -en, -sagerei, -heiten, -lich, -haftig, -nehmen, -scheinlich, -sagen, -heit, -nehmung, -heitsliebe

a Ordne die Wörter nach Substantiven, Verben und Adjektiven!

b Unterstreiche den Stamm /wahr/ bei allen Wörtern!

Sprachbetrachtung und Grammatik

3 Wortmischungen

> Stellfläche – Ausfall – Fahrgast – Fallensteller
> fahren – Stellvertreter – Vorfahrt
> Wasserfall – Gefährt – Aussteller – Fahrzeug
> vierstellig – Ausfuhr – stellen
> Gestell – fahrlässig – Holzfäller – Stellenangebot
> Fahrweise – Meldestelle – fällig
> Bestellung – Falle – abstellen – Fuhre
> Befall – abfahren – fallen
> ausführen – hinfallen – stellungslos – befahren

a Ordne die 32 Wörter <u>drei</u> Wortfamilien zu, und schreibe sie in dein Heft!
b Du kannst sicher eine der drei Wortfamilien ergänzen.

4 binden – band – gebunden

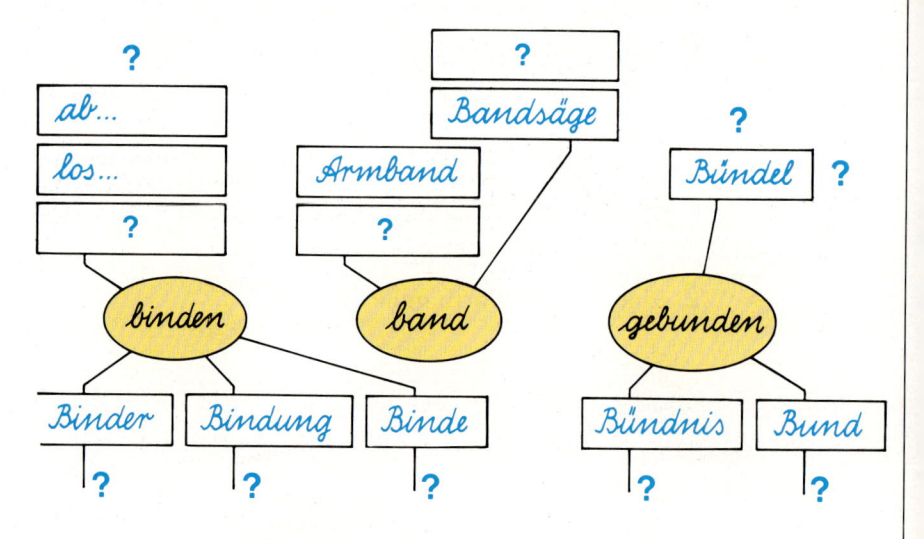

binden: ab..., los..., ?, Binder, Bindung, Binde
band: Bandsäge, Armband, ?
gebunden: Bündel, ?, Bündnis, Bund

a Ergänze diese Wortfamilie!

Beispiel: *Substantive:* Binder, ...
  Verben: abbinden, ...
  Adjektive: bündig, ...

b Wo findest du die meisten Verwandten?

| erschrecken | sehen | spielen |

1 Der Clown

Die Musik spielt den üblichen Tusch, und wie ein Soldat geht der Clown in die Manege. Auf einmal geht er wie ein Betrunkener im Kreis und geht dabei über seine riesigen Schuhe. Alle lachen und klatschen. Plötzlich bleibt er stehen, späht in die Runde und geht wie ein Indianer an den Feind heran.
5 Dann geht er, wie wenn ihn tausend Büffel verfolgten. Wieder bleibt er stehen und geht wie ein müder Wanderer unter schwerer Last. Er verwandelt sich blitzartig in ein Kind und geht mit einem Springseil. Jetzt geht er ganz gemächlich mit einer großen Puppe im Arm und „schaut" in verschiedene Schaufenster. Wieder bleibt er stehen und geht wie eine vornehme
10 Dame mit ihrem Hündchen über den Fußgängerüberweg. Er schaut auf die Uhr, erschrickt und geht mit hohem Tempo zum Ausgang. Alle klatschen begeistert. Der Clown kommt zurück, verbeugt sich und geht erhobenen Hauptes würdevoll aus der Manege.

a Wir spielen den Clown. Wie müssen wir jedesmal *gehen*?

b Sucht treffende Bezeichnungen für die verschiedenen Arten des *Gehens*!

c Ihr könnt weitere Bezeichnungen zu *Gehen* erraten lassen.
Spielt wie der Clown vor, und laßt eure Mitschülerinnen und Mitschüler raten!

Wortfeld

> Wörter derselben Wortart (zum Beispiel: Verben) mit einer verwandten Bedeutung bilden ein **Wortfeld**. Diese Wörter haben alle gemeinsame, aber auch eigene Bedeutungsanteile.

d Ordne einige Verben aus dem Wortfeld *gehen*!

Beispiele:
– nach der Geschwindigkeit: langsam ↔ schnell
– nach der Art des Auftretens: unsicher ↔ fest

2 Das Märchen vom König Dickbauch. Oder: Wie ein Hofstaat geht

Am Hofe König Dickbauchs leben viele Menschen: die Hofdamen, der Zeremonienmeister, viele Diener, ja auch ein Hofnarr und, und, und ... Sie alle gehen in einer ganz bestimmten Art und Weise. So schreitet der Zeremonienmeister, der König Dickbauch watschelt vielleicht, der Leibdiener huscht ...

Pantomime
→ S. 66 ff.

a Sucht weitere Hofleute, und kennzeichnet sie durch ihre Gangart!

b Ihr könnt das Gehmärchen pantomimisch (d.h. ohne Worte) spielen.

c Du kannst das Gehmärchen auch selbst schreiben.

Beispiel:

Es war einmal ein König, der hieß im Volk nur König Dickbauch, weil er so gerne Süßes aß. Hatte er Audienz, dann erschien er mit seinem ganzen Hofstaat. Voran schritt der Zeremonienmeister, Graf Rotz, hinter ihm watschelte seine Majestät, ...

3 Wie Eulenspiegel in die Luft ▓

Einmal stand Eulenspiegel mitten auf dem Marktplatz und ▓ die Wolken. „Was ▓ du denn immerzu in die Luft?" fragte ihn der Ratsdiener. „Das ist meine Sache", erwiderte Eulenspiegel und ▓ weiter nach oben. Da fragte ein Ratsherr: „Till, was gibt es denn Wichtiges zu ▓ ?" Eulenspiegel rollte
5 geheimnisvoll die Augen und meinte: „Habt Geduld! Sobald es nicht mehr da ist, gebe ich euch näheren Bescheid!"
Unterdessen sammelten sich immer mehr Neugierige auf dem Markt. Alle ▓ zum Himmel hin. Aber keiner konnte etwas ▓.
Doch Till Eulenspiegel ▓ unentwegt zum Himmel, sagte mitunter „Ach,
10 so was Dummes!" oder „Soll man's für möglich halten?", gab aber sonst keine Auskunft. Da reichten die Bürger allerlei Geschenke, und die Herren des Rates versprachen dem Narren sogar einen hohen Titel, wenn er endlich verrate, warum er so unentwegt nach dem Himmel ▓. Also ließ Eulenspiegel die Geschenke in die Tasche stopfen und nahm den Rang eines
15 Ratsherrn an. Nach einer Viertelstunde neigte er den Kopf behutsam nach vorn, lächelte und sprach: „Ich hatte nämlich Nasenbluten."

Heinz Steguweit

a Till Eulenspiegel narrt gerne Menschen. Wie hat er ihre Neugierde geweckt?

b In dieser Geschichte steckt ein Wortfeld.
Schreibe den Text ab, und setze Verben dieses Wortfeldes ein!

c Ergänze das Wortfeld!
Du kannst die Bedeutung deiner Verben verdeutlichen:
– Spiele das Verb pantomimisch vor! Laß deine Mitschüler/innen raten!
– Verwende das Verb in einem Satz!
– Schreibe mit einigen Verben eine lustige Geschichte!

6. Der Satz und seine Glieder

1. Sätze **1**

KÜCHENBODEN – IST – GANZ – WEISS – DER – HIMMEL, – WER – DA – WIEDER – ZUCKER – VERSTREUT – HAT – DER –

Satz, der sich in den Schwanz beißt
Hans Manz

a Der Kreis besteht aus zwei Sätzen. Bestimme die Satzgrenzen durch lautes Lesen!

b Schreibe die beiden Sätze in üblicher Schreibweise ab!

c DER MOND GEHT HINTER DEN BERGEN AUF.
AUF MEIN FENSTER SCHEINT DER MOND.

Wie sieht dieser Kreis aus? Drei Wörter gehören in beide Sätze.

Klangprobe

> Durch lautes Lesen können wir die Satzgrenzen bestimmen. Wir nennen dies die **Klangprobe**.

ACHTUNG fehlende Satzzeichen

2 Ich, der Hase Theodor – Ein Schüleraufsatz

„Schon wieder ein langweiliger Tag!" dachte ich auch an dem Tag, als ich an eine Familie verkauft wurde ich lag in meinem Stall in der Tierhandlung da näherten sich ein Paar Füße, und jemand interessierte sich für mich. Schwups, war ich schon verkauft ein paar Stunden später wurde ich in
5 einem großen Hasenstall freigelassen, und ich konnte richtig drin herumhoppeln. Mein neuer Herr hieß Clemens. Am Anfang fütterte er mich und spielte mit mir, aber dann vergaß er mich. Warum, weiß ich nicht. Heute denkt er nicht mehr an mich die Tage sind wieder sehr langweilig, und ich bin sehr traurig. Der Vater füttert mich zwar gelegentlich niemand aber hat

Sprachbetrachtung und Grammatik

10 mehr so richtig Zeit für mich außer der dreijährigen Sophie. Morgens kommt sie für eine sehr, sehr kurze Zeit zu mir, aber das ist alles für den Tag sie füttert mich fast gar nicht niemand hilft mir ich bin mir allein überlassen und fühle mich wie der traurigste Hase der Welt.

a Lies den Text vor! Wo mußt du Pausen setzen?
b Gliedere den Aufsatz in Sätze und in Abschnitte!

2. Satzglieder

1 Mein Urgroßvater und ich

„In der deutschen Sprache ist das Dichten ein bißchen leichter als in anderen Sprachen!" sagte mein Urgroßvater. „Wieso?" fragte die Ober-Großmutter.* „Weil man im Deutschen die Wörter dauernd umstellen kann." „Versteh' ich nicht", brummte die Ober-Großmutter.
„Dann wollen wir es mal ausprobieren, Margaretha! Nehmen wir zum Beispiel den Satz: Erbsensuppe ist ein nahrhaftes Essen für die Familie!" „Ein sehr wahrer Satz!" sagte die Ober-Großmutter und sah mich schräg von der Seite an. Da aß ich schnell mit Schlucken und Drucken drei Löffel Suppe. Mein Urgroßvater aber sagte: „Wir wollen den Satz verändern, indem wir die Wörter umstellen. Versuch es mal, Boy!"
„Erbsensuppe ist ein nahrhaftes Essen für die Familie."

James Krüss

a Stelle diesen Satz mehrfach um!

Satzglieder | Ein Satz besteht aus Wörtern und Wortgruppen; sie heißen **Satzglieder**. Satzglieder lassen sich umstellen. Man nennt diese Veränderung **Umstellprobe**.

---
*Ober-Großmutter: sie heißt so, weil sie im Oberland wohnt.

2 Unser Sportfest

Unser Sportfest begann am Donnerstag früh. Die Sonne schien sehr heiß. Unsere Klasse begann den Wettkampf mit dem Weitsprung. Unser Klassenlehrer gehörte zu den Kampfrichtern. Ein Schüler der zehnten Klasse half beim Abmessen. Alle Schüler hatten zunächst einen Probesprung. Ich übertrat das Absprungbrett beim ersten Mal. Die Klassenkameraden lachten laut über mich. Ich ärgerte mich über mein Mißgeschick. Ich sprang beim dritten Mal am weitesten. Wolfgang war aber beim Wettkampf der beste. Er sprang 4,60 m. Er bekam die meisten Punkte. Er war stolz auf seine gute Leistung. Der Rektor gratulierte ihm. Ich erreichte den dritten Platz. Dafür erhielt ich eine Ehrenurkunde. Ich hängte sie zu Hause in meinem Zimmer auf.

a Verändere den Text, indem du Satzglieder umstellst!

Beispiel:
Am Donnerstag früh begann unser Sportfest.

Lies dein Fassung laut vor!

b Bestimme die Satzglieder einzelner Sätze mit Hilfe der Umstellprobe!

Beispiel:
Ich / sprang / dabei / am weitesten.
Dabei / sprang / ich / am weitesten.

c Stelle den folgenden Satz mehrmals um!
Die Kameraden lachten laut über mich.

Schreibe die Ergebnisse im Heft untereinander!

d Bernd verändert so:
Auf dem Sportplatz wir uns schon um 7.30 Uhr trafen.

Was hat er falsch gemacht?

3. Subjekt **1** Wer macht das? Hausaufgaben, Hausaufgaben

Frau Stein fährt für einige Tage weg. Sie schreibt für Heike, Frank, Monika und für Papa einen Erinnerungszettel:

- Blumen gießen
- Kiki füttern, Käfig reinigen
- Betten machen
- Kleider wegräumen
- Wäsche in den Korb legen
- Teppichboden saugen
- Küche täglich putzen

a Die Kinder und ihr Vater verteilen die Aufgaben.

b Wie erfragst du die Satzglieder „Heike" bzw. „Monika" …?

Subjekt

> Das erfragte Satzglied heißt **Subjekt**. Es bezeichnet die Person oder Sache, die etwas tut oder von der die Rede ist. Das Subjekt steht im 1. Fall, dem Nominativ.

2 1. Mutter schreibt einen Brief an die Kinder.
2. Frank spielt in seinem Zimmer.
3. Das Putzen machte Spaß.
4. Heike strickt einen Pullover.
5. In ihrem Zimmer hört Monika die neuesten Schlager.
6. Heute wurde das Gießen vergessen.
7. Am Abend lobt Vater die Kinder.
8. Die Arbeiten wurden gewissenhaft ausgeführt.
9. Vernachlässigt wurde das Lernen.
10. Die Kinder danken der Oma.
11. Gefallen hat uns das Alleinsein.
12. Auf die Heimkehr der Mutter freuen sich die Kinder.

a Bestimme das Subjekt durch die Frage *Wer?* oder *Was?*!

Beispiel: Satz: Frau Stein fährt für drei Wochen weg.
Frage: *Wer* fährt für drei Wochen weg?
Antwort: Frau Stein (Subjekt).

Satz: Das Lob galt allen Kindern.
Frage: *Was* galt allen Kindern?
Antwort: Das Lob (Subjekt).

3 Herzlicher Empfang

Endlich kommt Mutter wieder! Heute mittag holt ▬ (Wer?) die Mutter am Bahnhof ab. Gerne wären ▬ (Wer?) dabei gewesen. Hoffentlich hat ▬ (Wer?) keine Verspätung. Schon den ganzen Tag sind ▬ (Wer?) aufgeregt. ▬ (Wer?) ist festlich gedeckt. ▬ (Wer?) trägt den Marmorkuchen auf. ▬ (Wer?) hat ihn selbst gebacken. Auch ▬ (Wer?) hat sich mächtig angestrengt. Für den Blumenschmuck war ▬ (Wer?) allein verantwortlich.
Soeben fährt ▬ (Was?) vor. ▬ (Wer?) stürzen ans Fenster und schauen auf die Straße. Da steigt ▬ (Wer?) aus dem Auto. ▬ (Wer?) hat uns schon hinter dem Vorhang entdeckt und winkt uns zu. Die Geschenke packen ▬ (Wer?) gemeinsam aus. Für jeden hat ▬ (Wer?) ein Geschenk mitgebracht. ▬ (Wer?) freut sich über die lange Halskette, und ▬ (Wer?) betrachtet im Spiegel ihren farbenprächtigen Schal. Ein lustiges Gesellschaftsspiel bekommt ▬ (Wer?). Sofort lesen ▬ (Wer?) die Spielanleitung, und schon beginnen ▬ (Wer?) zu spielen.
Da würfelt ▬ (Wer?) eine Sechs …

a Schreibe den Text ab, setze die fehlenden Subjekte ein, und unterstreiche sie mit blauer Farbe!

b Welche Wortarten treten als Subjekt auf?

4. Prädikat

1 Gita, ein Mädchen aus Indien

Gita besucht in Balipada die vierte Klasse. Auch in Indien muß jedes Kind am Morgen zur Schule. Aber viele Eltern behalten ihre Kinder daheim. Besonders die Töchter schicken sie nicht gern in die Schule. Sie brauchen sie als Arbeitshilfe.
Lesen und Schreiben finden sie überflüssig. Sie selbst haben es auch nicht gelernt.

a Viele Mädchen dürfen nicht in die Schule. Was meinst du dazu?

Satzarten
→ S. 158

b Stelle den ersten Satz mehrmals um, und schreibe die möglichen Aussagesätze untereinander!

c Unterstreiche das Satzglied rot, das immer an der gleichen Stelle im Satz steht!

Prädikat

> Das Satzglied, das im Aussagesatz immer an zweiter Stelle steht, heißt **Prädikat**.

2 Schule in Balipada

Das Schulhaus besteht aus Lehm. Auf dem Dach liegt Stroh. Im Klassenzimmer sitzen die Kinder auf einer Matte am Boden. Der Lehrer leidet heute besonders unter der Hitze. Der größte Störenfried sitzt neben ihm auf dem Boden. Zur Strafe hält er sich an den Ohrläppchen. Bald ermüden seine Arme. Die Kinder lachen.

a Du kannst das Prädikat auch mit den Fragen „Was geschieht?" oder „Was ist ausgesagt?" bestimmen.

Schreibe die Sätze ab, erfrage die Prädikate, und unterstreiche sie rot!

Personalform
→ S. 127

b An der Stelle des Prädikats steht ein Verb. Seine Personalform ändert sich nach dem Subjekt.

Beispiel:
Gita   lern|t| Englisch.
Ich   lern|e| Englisch.
Die Schüler lern|en| Englisch.

Schreibe fünf Sätze mit verschiedenen Subjekten, und unterstreiche die Endung der Personalform!

3 Töpferei in Balipada

In der Töpferwerkstatt ▄▄ die Eltern und Kinder (zusammenarbeiten). Gita ▄▄ den Lehm (herbeischaffen). Die Mutter ▄▄ ihn mit Wasser (anrühren). Kleine Steinchen ▄▄ sie beim Kneten (herauslesen).
Das Töpferrad ist am Boden angebracht. Der Vater ▄▄ es mit der rechten Hand (andrehen). Mit der linken ▄▄ er den Tonballen in die Mitte (hinwerfen) und ▄▄ dann das Gefäß auf der sich drehenden Scheibe (ausformen). Die Frauen ▄▄ die Tongefäße auf dem Markt (feilhalten). Schon auf dem Weg dorthin ▄▄ sie ihre Waren (ausrufen). Manchmal ▄▄ dann die Nachbarn ihnen etwas (abkaufen).
Tontöpfe ▄▄ das Wasser länger (frischhalten) als Plastikeimer. Und das macht sie eben beliebt bei den Leuten in Indien.

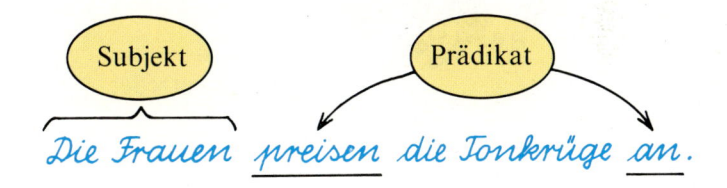

Subjekt — *Prädikat*

Die Frauen preisen die Tonkrüge an.

a Schreibe die Sätze ab, und setze die Verben als Prädikate ein!

b Unterstreiche das Prädikat in deinem Text rot und das Subjekt blau!

Satzklammer

> Das Prädikat kann aus mehreren Teilen bestehen. Es umklammert dann andere Satzteile.

4 Eßgewohnheiten in Indien

Die Männer gehen zuerst zum Essen. Sie waschen sich die Hände und Füße. Dann setzen sie sich in den Hof. Onkel Manu schöpft sich eine Portion Reis. Gita bringt ihm das Gemüse. Den ersten Bissen opfert Onkel Manu den Göttern. Er legt ihn auf die Erde. Jetzt essen alle.
In Indien essen die Leute mit den Fingern. Löffel brauchen sie nur selten. Messer und Gabel benutzen sie kaum. Sie schneiden die Nahrung vor dem Essen klein. Das Gemüse greifen sie mit einem Stück Fladenbrot und schieben es in den Mund. Den Reis formen sie mit den Fingerspitzen zu kleinen Ballen.

a Bestimme das Subjekt und das Prädikat in den Sätzen!

5. Objekt 1 Die Bremer Stadtmusikanten

Akkusativ-/
Dativobjekt

Bild 1:

Wer? ← sieht / trifft → Wen?

Bild 2:

Wer? ← überredet / fordert auf → Wen?

Bild 3:

Wer? ← berichtet / erzählt → Wem? Was?

Bild 4:

Wer? ← gibt / überreicht → Wem? Was?

a Bilde zu jedem Bild Sätze mit den angegebenen Verben!

Akkusativ-
objekt
Dativobjekt

> Mit der Frage *Wen?* oder *Was?* bestimmst du das **Akkusativobjekt**.
> Es kann ein Substantiv, ein Substantiv mit Artikel, ein Pronomen sein.
> Mit der Frage *Wem?* bestimmst du das **Dativobjekt**. Hier können dieselben
> Wortarten auftreten wie beim Akkusativobjekt.

Sprachbetrachtung und Grammatik

b Erfrage die Satzglieder!

Beispiel:

Satz: Der Esel sieht den Jagdhund.
1. Frage: Wer sieht den Jagdhund?
Antwort: Der Esel (Subjekt).

2. Frage: Was ist ausgesagt?
Antwort: Sieht (Prädikat).

3. Frage: Wen sieht der Esel?
Antwort: Den Jagdhund (Akkusativobjekt).

c Unterstreiche das Subjekt blau, das Prädikat rot, die anderen Satzglieder grün!

2 Die Angst vor dem Nußknacker

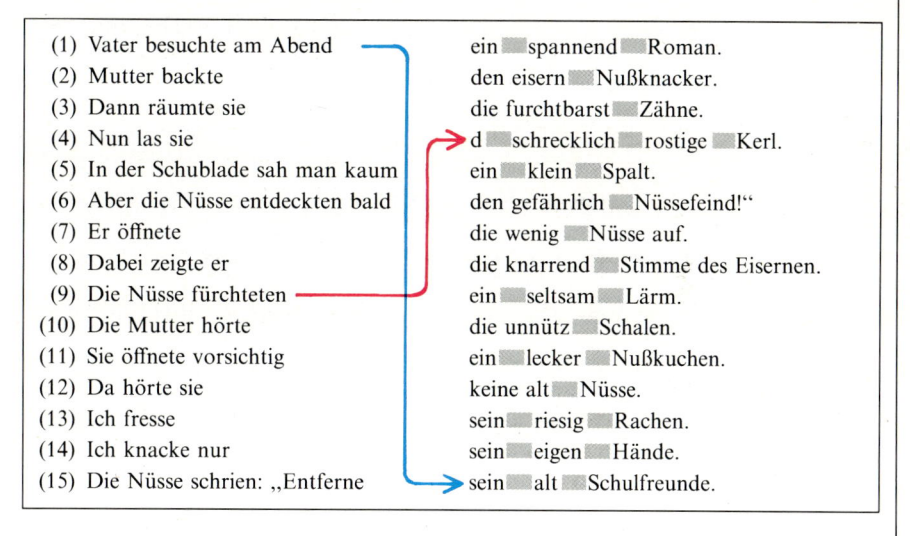

(1) Vater besuchte am Abend	ein▪spannend▪Roman.
(2) Mutter backte	den eisern▪Nußknacker.
(3) Dann räumte sie	die furchtbarst▪Zähne.
(4) Nun las sie	d▪schrecklich▪rostige▪Kerl.
(5) In der Schublade sah man kaum	ein▪klein▪Spalt.
(6) Aber die Nüsse entdeckten bald	den gefährlich▪Nüssefeind!"
(7) Er öffnete	die wenig▪Nüsse auf.
(8) Dabei zeigte er	die knarrend▪Stimme des Eisernen.
(9) Die Nüsse fürchteten	ein▪seltsam▪Lärm.
(10) Die Mutter hörte	die unnütz▪Schalen.
(11) Sie öffnete vorsichtig	ein▪lecker▪Nußkuchen.
(12) Da hörte sie	keine alt▪Nüsse.
(13) Ich fresse	sein▪riesig▪Rachen.
(14) Ich knacke nur	sein▪eigen▪Hände.
(15) Die Nüsse schrien: „Entferne	sein▪alt▪Schulfreunde.

a Bilde sinnvolle Sätze!
Lies sie laut vor, und schreibe sie mit den richtigen Endungen ins Heft!

b Bestimme das Akkusativobjekt!

c Diktiere deinem Nachbarn einzelne Sätze! Sprich die Wortendungen deutlich aus!

> Durch deutliches Sprechen kannst du Endungsfehler vermeiden.

Sprachbetrachtung und Grammatik

3 Märchensuchspiel

(1) Das Mädchen brachte der Großmutter ▨ .
(2) Die sieben Zwerge warnten ▨ vor der bösen Frau.
(3) Das Knusperhäuschen aber gehörte ▨ .
(4) Der Wolf fraß ▨ außer dem jüngsten.
(5) Das Männlein half ▨ , Stroh zu Gold zu spinnen.
(6) Beim Spielen fiel ▨ die goldene Kugel in den Brunnen.
(7) Die Turteltauben halfen ▨ , die Linsen aus der Asche zu lesen.
(8) Der Zauberspruch ging in Erfüllung, die Spindel stach ▨ .
(9) Die Stiefmutter steckte ▨ den giftigen Kamm ins Haar.
(10) Der Reiter tauschte ▨ gegen einen Klumpen Gold.

a Aus welchen Märchen stammen die Sätze?

b Ergänze die Satzglieder, die auf die Frage *Wen?* oder *Was?* bzw. *Wem?* antworten!

c Unterstreiche die Objekte mit grüner Farbe, und benenne sie!

4 Unsinnsätze

(1) Das bunte Kleid gefiel	unser ▨ getigert ▨ Kater auf den ersten Blick.
(2) Die Mausefalle gehörte	mein ▨ geschwätzig ▨ Papageien.
(3) Die Arznei tat	ihr ▨ schnell ▨ Auto gut.
(4) Die Ergebnisse machten	mein ▨ welkend ▨ Blume Spaß.
(5) Der Baum lauschte	dies ▨ gerissen ▨ Halunken.

a Lies die Sätze laut vor, und schreibe sie mit den richtigen Wortendungen ab!

b Unterstreiche das Dativobjekt! Ersetze es durch Personalpronomen!

Personalpronomen
→ S. 122 f.

Beispiel:

Die Mausefalle gehörte diesem gerissenen Halunken.
Sie   gehörte   ihm.

5 Freundin, Lehrer, Bruder, Zahnarzt ...

(1) Meine Hobbys gehen ▪ nichts an.
(2) Haare waschen schadet ▪ nichts.
(3) Mama bestach ▪ mit Süßigkeiten.
(4) Ich sehe ▪ nur von weitem gerne.
(5) Der listige Fuchs spielte ▪ einen Streich.
(6) Peter gaukelt ▪ etwas vor.
(7) Ich klopfe ▪ gerne auf die Schulter.

a Schreibe die Sätze ab!
Setze „Freundin, Lehrer ..." mit einem Possessivpronomen ein!

Beispiel:
Meine Hobbys gehen meine Zahnärzte nichts an.

b Erfrage die Objekte, und bestimme sie!

c Ersetze die Objekte durch Personalpronomen!

Beispiel: Meine Hobbys gehen meine Zahnärzte nichts an.
Meine Hobbys gehen sie nichts an.

Genitivobjekt **6** Peter, der Märchenerzähler?

Nach dem Kaffee rühmte sich Peter seiner Erzählkunst. Er erinnerte sich einer lustigen Begebenheit, und er begann zu erzählen. Aber nach wenigen Sätzen langweilten sich seine Freunde. Es wollte einfach keine Spannung aufkommen. Da meinte Großvater: „Erzähle doch auch ein Märchen!" Doch Peter weigerte sich. Da bedienten sich die Freunde eines Tricks. Sie beschuldigten ihn der Unkenntnis. Da mußte Peter Farbe bekennen. Aber Großvater rettete die Situation. Er erzählte das Märchen von Rumpelstilzchen.

a Peter besann sich eines Besseren.
Wie kannst du das Satzglied „eines Besseren" erfragen?

Genitivobjekt | Das Satzglied im Wessenfall heißt **Genitivobjekt**. Es ist selten.

b Bilde Sätze mit folgenden Verben, und bestimme die Objekte mit Hilfe der Fragemethode!

lieben, pflügen, schmerzen, begegnen, heben, sich annehmen, tragen, gehorchen, glücken, ziehen, lesen

7. Satzarten

1 Der lächelnde Bahnbeamte

Ein Mann hatte sehr schlechte Augen. Aber nie setzte er seine Brille auf. Er fand sich mit seiner Brille nicht schön genug. Einmal wartete er im Bahnhof auf einen
5 Zug. „Hat der Zug Verspätung?" fragte er einen Bahnbeamten. Der lächelte freundlich. Er gab dem Mann aber keine Antwort. „Ich kann die Uhr nicht erkennen. Ich habe nämlich so schlechte Augen", sag-
10 te der Mann. Wieder lächelte der Bahnbeamte nur und sagte nichts. „Das ist doch nicht zum Lachen!" rief der Mann aus. „Wieviel Uhr ist es?" Der Bahnbeamte lächelte weiter. „Haben Sie Grießbrei in den
15 Ohren?" fragte der Mann. Der Bahnbeamte lächelte. „Lachen Sie nicht so blöd!" rief der Mann. „Ich werde mich über sie beschweren." Die anderen Leute auf dem Bahnsteig drehten sich nach ihm um. „Am frühen Morgen ist der schon betrunken! Schämen Sie sich!" sagte eine Frau. Wütend lief der Mann ans Ende vom Bahnsteig. Der
20 Bahnbeamte lächelte hinter ihm her.
Er war nämlich ein Plakatbild.

nach: Ursula Wölfel

a Spielt die Geschichte! Wie müßt ihr die Äußerungen sprechen?

b Sie *sagen* etwas, sie *fragen*, sie *fordern auf*, sie *rufen aus*. Schreibe die zehn Sätze in den Äußerungen heraus, und ordne sie nach *Aussagen*, *Fragen*, *Aufforderungen*, *Ausrufe*!

c Lest die Sätze nochmals laut! Wie ändert sich die Betonung?

d Unterstreiche in den zehn Sätzen das Verb! Wo steht es jeweils?

Satzarten

1. **Aussagesatz:**	Jemand sagt etwas. Satzschlußzeichen: Punkt (.). *Der Mann hatte schlechte Augen.*	
2. **Fragesatz:**	Jemand will etwas wissen. Satzschlußzeichen: Fragezeichen (?). *Hatte der Mann schlechte Augen?*	
3. **Aufforderungssatz:**	Jemand fordert andere auf, etwas zu tun oder zu unterlassen. Satzschlußzeichen: Ausrufezeichen (!). *Lachen Sie nicht!*	
4. **Ausrufesatz:**	Jemand drückt ein Gefühl aus (Freude, Wut, ...). Satzschlußzeichen: Ausrufezeichen (!). *Das ist die Höhe!*	

2 Übungstext

Peter: Die Fensterscheibe ist hin
Gerd: Schnell weg
Herr Ehe: Bleibt hier Wer hat den Ball ins Fenster geschossen
Peter: Ich war es nicht
Gerd: Gib's doch zu
Herr Ehe: Warum lügst du Hat denn dein Vater keine Haftpflichtversicherung
Peter: Er hat schon eine Aber den kennen Sie nicht Da setzt es was
Herr Ehe: Das mit deinem Vater werden wir schon hinkriegen Aber jetzt helft ihr beim Aufräumen

ACHTUNG fehlende Satzzeichen

a Schreibe den Text ab, und setze Satzschlußzeichen!

b Welche Satzarten hast du gefunden?

> Tip:
> Du kannst eines der folgenden Verben nach dem Namen des Sprechers einsetzen: *sagt, fragt, fordert auf, ruft aus!*

3 Das Starinterview

In der Zeitschrift „Soundy" steht ein Leitfaden für ein Interview mit einem Star. Vielleicht gar für Mike Tanze.

> 1. Haben Sie Gesang studiert?
> 2. Wie hat man Sie entdeckt?
> 3. Weshalb singen Sie überhaupt Schlager?
> 4. Singen Sie auch Chansons?
> 5. Wie komponieren Sie ein Lied?
> 6. Wer schreibt Ihre Liedtexte?
> 7. Haben Sie auch Fan-Clubs?
> 8. Dürfen wir Sie auch über Ihr Privatleben befragen?
> 9. Waren Sie schon einmal in einen Fan verliebt?
> 10. Sind Sie verheiratet, oder haben Sie eine Freundin?
> 11. Wo treten Sie am liebsten auf?
> 12. Wann beginnt Ihre nächste Tournee?
> 13. Wieviel haben Sie am Anfang verdient? Wieviel verdienen Sie jetzt?
> 14. Weshalb verlangen Sie so viel Eintrittsgeld?

a Wie beurteilst du diesen Leitfaden? Was hältst du für unwichtig, welche Fragen würdest du noch stellen?

b Ordne die Fragesätze nach folgendem Muster:

Haben Sie Gesang studiert?	Weshalb singen Sie überhaupt Schlager?
?	?

c Vergleiche die beiden Arten des Fragesatzes! Welche Antwort erwartet der Interviewer jeweils?
Wo steht das Prädikat?

Entscheidungs-
fragen

Ergänzungs-
fragen

> Es gibt zwei Arten von Fragesätzen:
>
> – **Entscheidungsfragen**: *Dürfen* wir Sie interviewen?
>   Der Fragesatz beginnt mit dem Verb.
> – **Ergänzungsfragen**: *Wo* wohnen Sie eigentlich?
>   Der Fragesatz beginnt mit einem Fragewort (*wer, wo, warum* …).

4 Spielregeln

Versteckspiel

Ein Schüler/eine Schülerin wird hinausgeschickt. Im Klassenzimmer wird ein Gegenstand versteckt. Er soll durch *Entscheidungsfragen* gefunden werden. Die Klasse ruft leise „Nein", wenn der versteckte Gegenstand weit weg ist, sie ruft lauter „Nein", je näher man ihm kommt.

Ratespiel

Till behauptet, er könne mit Hilfe von nur 6 Fragen jedes Feld (etwa 5 f) finden, das sich Saskia auf einem Zettel notiert hat.

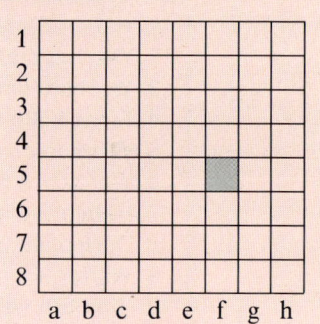

a Spielt nach den Regeln, und notiert euch einige Fragen!

b Beschreibe die Fragesätze!

c Wie wäre es mit „Heiterem Beruferaten":
Brauchten Sie eine besondere Ausbildung für ihren Beruf?

5 Minimärchen

Frag doch mal: Warum sitzen die 5 Räuber noch zusammen?

Puh, ganz schön schwer!

Es war einmal eine Räuberbande, die wohnte in einer Felsenhöhle. Jeden Tag überfielen die Räuber ein paar Leute und schleppten ihre Beute in eine Höhle, die sie stets mit einem Zauberspruch verschlossen. Aber als sie eines Abends heimkehrten, Mensch, da hatten alle ihren Zauberspruch vergessen.
„Hokuspokus", sagte der erste Räuber.
„Simsalabim", sagte der zweite Räuber.
„Abrakadabra", sagte der dritte Räuber.
„Tischlein deck dich", sagte der vierte Räuber.
„Ach", sagte der fünfte Räuber, „wie gut, daß niemand weiß …"
Nichts half, obwohl sie allerhand ausprobierten.
Und wenn sie nicht gestorben sind, dann sitzen die fünf Räuber da noch immer herum und warten auf Asterix, damit er ihnen die Höhle aufmacht. Oder kannst du ihnen mit einem Spruch aushelfen?

Volker W. Degener

a Auf welche Fragen gibt das Minimärchen Antwort?

Fragen als Arbeitsmethode

> Mit Ergänzungsfragen kann man Texte erschließen, zum Beispiel: *Wer* spielt alles mit? *Wie* sehen die Personen aus? *Welche* Eigenschaften haben sie?

b Stelle Fragen an den Text „Der lächelnde Bahnbeamte" auf S. 158!

6 Erziehung

laß das	stell das sofort wieder weg
komm sofort her	paß auf
bring das hin	nimm die Finger weg
kannst du nicht hören	sitz ruhig
hol das sofort her	mach dich nicht schmutzig
kannst du nicht verstehen	bring das sofort wieder zurück
sei ruhig	schmier dich nicht voll
faß das nicht an	sei ruhig
sitz ruhig	laß das
nimm das nicht in den Mund	wer nicht hören will
schrei nicht	muß fühlen

Uwe Timm

a Wer spricht in diesem Text, wer wird angesprochen?
b Wie willst du ihn vortragen?
c Bestimme die Aufforderungssätze in dem Gedicht!

8. Zeichensetzung

1. Satzschlußzeichen

1 Rätsel

EINHÄUSCHENMITFÜNFSTUBENDRINWOHNENBRAUNEBUB
ENNICHTTÜRNOCHTORFÜHRTEINNOCHAUSWERSIEBESUCH
TVERZEHRTDASHAUS

MICHTRÄGTDASGEBIRGEMICHTRAGENDIEHÄHNEFEHLTM
IRAUCHDERMUNDSOHABICHDOCHZÄHNE

a Um die Rätsel lösen zu können, mußt du erst einmal die Satzgrenzen bestimmen und Punkte setzen.

2 Wer hat Angst vor dem schwarzen Mann

Eine Frau wollte auf einen Maskenball gehen niemand sollte sie erkennen wie könnte sie sich verkleiden was sollte sie anziehen hatte sie nicht noch Vaters alten Schlapphut und die große Sonnenbrille sie zog sich zuerst einen Perlonstrumpf über den Kopf danach drückte sie sich den Schlapphut ins
5 Gesicht dann setzte sie die Brille auf endlich ging sie zum Spiegel was sah sie da welch dunkle Gestalt kam drohend auf sie zu sie schrie auf und verschloß sich angstschlotternd im Kleiderschrank nach einer Weile öffnete sie die Tür vorsichtig doch noch immer stand die dunkle Gestalt vor ihr
Moral:
10 Verkleide dich nie zu gefährlich traue keinem Spiegel vertraue nur deinem Gesicht

a Schreibe den Text ab, setze entsprechende Satzschlußzeichen!

b Auf S. 159 steht ebenfalls ein Text ohne Satzschlußzeichen.

2. wörtliche Rede

1 Zum Lachen. Oder?

Bastian geht zum Friseur. „Willst du die Haare zurückhaben?" „Nein danke, die können sie behalten."

„Heiße Würstchen, heiße Würstchen!" „Angenehm, heiße Maier."

a Woran kannst du erkennen, wer wann spricht?

b Wenn ein Punkt, ein Fragezeichen oder ein Ausrufezeichen zur wörtlichen Rede gehört, dann stehen sie vor dem Schlußzeichen:
„———." „———?" „———!"

Überprüfe diese Regel an den Witzen!

2 Weiter so!

Die Lehrerin fragt: „Was ergibt 7 mal 7?" Fritz antwortet: „Feinen Sand."

Der Lehrer schreibt an die Tafel 2 : 2. „Was bedeutet das?" fragt er Franz. „Unentschieden!" klärt der den Lehrer auf.

Ein eiliger Kunde ruft: „Rasieren! Ich sehe aus wie ein Stachelschwein!" „Die Stacheln sind gleich weg", brummte der Friseur.

„Wo ist denn dein Zeugnis?" fragt die Mutter. „Das habe ich Willi geliehen. Der will seinen Vater erschrecken", grinst Klaus.

Begleitsatz **a** Der Begleitsatz zur wörtlichen Rede gibt an, wer spricht. Wo stehen die Begleitsätze? Wann steht ein Doppelpunkt?

b Überprüfe die Zeichensetzung in den Witzen!

Hilfe:

Begleitsatz: „ ——— ."	„ ——— ", Begleitsatz
Begleitsatz: „ ——— ?"	„ ——— ?" Begleitsatz
Begleitsatz: „ ——— !"	„ ——— !" Begleitsatz

c In welchen Begleitsätzen ist angegeben, wie jemand spricht?

d
AUFDERURLAUBSFAHRTRUFTMUTTERPLÖTZLICHOHSC
HRECKICHHABEZUHAUSEDASBÜGELEISENANGELASSEN
DARAUFANTWORTETVATERDASMACHTNICHTSDESHALBL
ASSENWIRUNSDENURLAUBNOCHLANGENICHTVERMIESE
NICHHABEJADENWASSERHAHNAUCHNICHTABGEDREHT

derneuevertreterstelltesichvormeinnameistrainerhohnnehmensiedasnic
htsotragischantwortetedieladenbesitzerinwieheißensiedenn

Schreibe die Texte in normaler Rechtschreibung ab, und setze alle Satzzeichen!

e Überprüfe die Zeichensetzung in der wörtlichen Rede!

Textbeispiele:
– „Was rappelt da im Schrank" (S. 35)
– „Der Montag, an dem Tante Marga verschwand" (S. 35)
– „Der lächelnde Bahnbeamte" (S. 158)

Ihr könnt einzelne Abschnitte auch als Übungsdiktat verwenden.

3. Komma

1 Klasse 5 b geht grillen

Frau Schneider, die Klassenlehrerin, und Herr Rebstock, der Mathelehrer, kamen mit den Schülerinnen und Schülern aus dem Nachbarort etwa um 14.20 Uhr am Grillplatz an. Aber keiner war da. Da entdeckte Anne die Nachricht:

> Grillplatz am Hasenreck, 18.6.19...
> Sehr geehrte Frau Schneider!
> Wir waren pünktlich um 14 Uhr zur Stelle.
> Nun sammeln Ute Ludwig Marianne Peter Ulf Tillmann Brennholz.
> Ich gehe Ihnen mit Martina Thorsten und August auf dem vorderen Weg entgegen.
> Um 14.45 Uhr treffen wir uns alle wieder am Grillplatz.
> Stefan

a Wo könnte Stefan seinen Text durch Kommas besser gliedern?

Komma bei der Aufzählung

2 Beobachtungen beim Grillen

Marc, Michael, Anne und Tobias säubern die Feuerstelle. Kurz danach brennt, lodert, knistert und prasselt das Feuer. Die Flammen leuchten rot, gelb und violett.

a Schreibe eine Kommaregel für Aufzählungen auf!

Ja, wann kommt denn ein Komma?

Ja, aber wann kommt keins?

b Nun wird es langsam gemütlich. Sabine Ute Tillmann Alex und Werner sitzen an einen Holztisch. Die Kinder holen aus ihren Rucksäcken Cola Orangensaft Mineralwasser und Limonade. Thomas Bernd Anne und Saskia halten noch immer Würste Brot Tomaten und Paprika ins Feuer. Frau Schneider packt Brötchen Brezeln und Laugenhörnchen aus. Die Würste knacken bräunen und zischen in der Glut.

Schreibe den Text ab, und setze die Kommas!

Komma bei Anrede und Ausruf

3 Am Feuer

In den Sprechblasen fehlen Kommas!

Speech bubbles:
- Aua, die Wurst ist ganz schön heiß.
- Michael paß auf deine Wurst auf!
- Hast du noch Senf Sabine?
- Hier hast du es Ralph.
- Komm mit deinen Haaren nicht so nah ans Feuer, Ute!

a Anreden (Michael ...) und Ausrufe (Aua ...!) werden durch Komma vom Satz abgetrennt.
Überprüfe in den Sprechblasen!

b Ihr könnt das Gespräch am Feuer mit Hilfe der folgenden Anreden, Ausrufe und Äußerungen weiterführen.

Anreden und Ausrufe:
na ja, klar, auch so, prima, klasse, ja, nein, aua, pfui, o weh, bäh, logo, ...
Anne, Frau Schneider, Herr Rebstock, Mensch, Kumpel, ...
Äußerungen:
Die war aber heiß. Ich habe mir die Finger verbrannt. Hilfst du mir mal? Gib mir mal die Brezel, eine Tomate, ein Stück Brot ...! Ich tue alles für dich ...

Sucht noch weitere Beispiele!

Sprachbetrachtung und Grammatik

Komma im Brief-kopf

1 Briefe und Ansichtskarten

> Wenn du einen Brief oder eine Karte schreibst, mußt du eine Kommaregel beachten:
>
> – Stuttgart, den 24.9.19..
> – Künzelsau, den 14. April 19..
> – Mainz, den 2.6.19..
>
> Oder kürzer:
>
> – Schonach, 3.10.19..
> – Neuwied, 3. Mai 19..

a Wie sieht die Ortsangabe aus, wo muß ein Komma stehen?

b Schreibe einen Kartengruß an …! Na, du wirst schon wissen an wen.

c Überprüfe im Brief auf Seite 112, ob das Komma richtig gesetzt ist!

2 Ein Leserbrief

Christina Barth   Karlsruhe 12.2.19..
Klasse 5 c

Liebe Redakteure des BRIGANDE-Blättles!

Nun wurde schon die vierte Auflage unserer Schülerzeitung veröffentlicht. Alle Ideen alle Texte alle Zeichnungen und überhaupt die ganze Aufmachung sind toll.
Leider aber strotzen die Texte voller Rechtschreibfehler voller Zeichensetzungsfehler. Alle wissen, daß die Redaktion überlastet ist. Dennoch solltet ihr etwas besser auf die Rechtschreibung achten. Es soll sogar schon Leser geben, die Fehlerwettbewerbe starten.
Stefan Du als Chefredakteur solltest die Korrekturarbeiten auf verschiedene Klassen verteilen.

Christina Barth

---

a Auch Christina hat 5 Kommas vergessen.

Textquellen

S. 13: Manfred Mai, Nie allein, aus: ders., Tausend Wünsche, Otto Maier Verlag, Ravensburg 1986, S. 8;   S. 14: Peter Grosz, Ich schreibe gern – und du? aus: Hör mal zu, wenn ich erzähl', hrsg. v. Kultusministerium Rheinland-Pfalz, Anrich Verlag, Kevelaer 1986, S. 206 (gekürzt);   S. 18: Günter Canzler, aus: Humoritaten, Nebelspalter Verlag, Rorschach/Schweiz;   S. 20: Alec Guerney, aus: Klaus Gerth (Hrsg.), Bildergeschichten. Ein Arbeitsbuch für das mündl. u. schriftl. Erzählen, 4. bis 7./8. Schj., Hermann Schroedel Verlag, Hannover 1972, Nr. 16;   S. 23: Luigis blauer Sonnenschirm, aus: Patricia Taylor, Die Märchenreise, Geschichten aus aller Herren Länder, Neuer Tessloff Verlag, Hamburg 1972, S. 14 (Ill. v. Tony Escott, Claude Kailer, Rosemarie Lowndes);   S. 25: Behalten Sie einen kühlen Kopf... Pro Idee Versand GmbH, Aachen (Herbst 1990);   S. 27/28: Ernst Jünger, Der Farmer und der Löwe, aus: ders., Sämtliche Werke Bd. 9 Essays III: Das abenteuerliche Herz. KLETT-COTTA, Stuttgart 1979, S. 468–470 (die Überschrift stammt nicht vom Autor);   S. 30: Josef Guggenmos, Aus Glas, aus: So viele Tage, wie das Jahr hat, hrsg. v. James Krüss, Siegbert Mohn Verlag, Gütersloh 1959;   S. 31: Manfred Hausmann, Die Bremer Stadtmusikanten, aus: ders., Irrsal der Liebe, S. Fischer Verlag, Frankfurt a. M. 1960;   S. 33: Ursula Wölfel, Die Geschichte der Rechthaberfamilie, aus: dies., neunundzwanzig verrückte Geschichten, Hoch-Verlag, Düsseldorf 1978;   Manfred Große, Was rappelt da im Schrank, in: Die Erde ist mein Haus (Hg. Hans-Joachim Gelberg), Beltz-Verlag, Weinheim 1988, S. 239;   S. 35/36: nach Paul Maar, Der Montag, an dem Tante Marga verschwand, F. Oetinger Verlag, Hamburg 1987;   S. 40: F. K. Waechter, Frankfurt;   S. 46/47: Doppelseite aus Prospekt Waldkirch;   S. 51: Stadtplan Emmendingen;   S. 57: Vorder- und Rückseite von Angelika Mechtel, Die Reise nach Tamerland, Ravensburger Buchverlag GmbH, Ravensburg 1987;   S. 58/59 u. 61, ebd., S. 54/56 © 1984 Loewes Verlag, Bindlach;   S. 69/70: Georg Paysen-Petersen, Till Eulenspiegel. Für die Jugend bearbeitet. Loewes Verlag, Bayreuth 1973, S. 38f.;   S. 75/9: Jean Craighead George, Julie von den Wölfen, übers. v. Friedl Hofbauer, Sauerländer Verlag, Aarau u. Frankfurt a.M. 1972;   S. 76: Works 20D, Microsoft, Unterschleißheim;   S. 77: Schülerduden, Rechtschreibung und Wortkunde, Bibliografisches Institut, Mannheim 1984, S. 127;   S. 80: Goscinny/Uderzo: Asterix, Tour de France, EHAPA-Verlag, Stuttgart 1971, S. 46;   S. 84: Rudyard Kipling, Die Dschungelbücher, Paul List Verlag, München 1959, S. 13 (von Dagobert von Mikusch durchgesehene Originalübersetzung);   S. 84/85: nach Steve Pollock, Geheimnisse der Tierwelt, übers. v. Martin Emschermann, Herder Verlag, Freiburg 1990, S. 40 (gekürzt);   S. 87: nach Edmund Hillary, Ich stand auch dem Mount Everest, übers. V. Rickmers, Brockhaus, Wiesbaden 1959;   S. 88: Astrid Lindgren, Mio, mein Mio, Oetinger Verlag, Hamburg 1955, S. 40, übers. v. Karl Kurt Peters Illustrationen von Ilon Wikland, © Verlag Friedrich Oetinger, Hamburg 1987;   S. 94: Ein räuberischer Überfall, aus: Otfried Preußler, Der Räuber Hotzenplotz, K. Thienemanns Verlag, Stuttgart 1962, S. 24;   S. 97: Der Fuchs, nach: Kinderpanorama – das bunte Bildungsbuch, Herder-Verlag, Freiburg 1977, S. 155/6;   S. 98: nach Paul Maar, Der Tag, an dem Tante Marga verschwand, Oetinger Verlag, Hamburg 1987, S. 72;   S. 99: Die treue Gans, nach: Rolf Hanisch, Diktate und Nachschriften, Hirschgraben Verlag, Frankfurt a. M. 1974, S. 14;   S. 102: Vor hundert Jahren mit der Postkutsche unterwegs, nach Dostal: Reisen in früher Zeit, 100 Diktate, Verlag Leitner, München;   S. 105: Eugen Roth, Die Briefmarke, aus: ders., Sämtl. Werke Bd. 4, Erzählungen, Hanser Verlag München Wien 1977, S. 22;   S. 108: Conrad Schurbohm, Grundregeln der Hundepflege, Franz Schneider Verlag, München, S. 21;   S. 110: Münchhausens Ritt auf der Kanonenkugel, nach: Erich Kästner erzählt: Münchhausen. Atrium Verlag, Zürich 1951, S. 49ff.;   S. 119: Heidelberg, Hoffmann & Campe Verlag, Hamburg;   S. 125: Elisabeth Borchers, Die Kinder verstecken sich, aus: dies., Gedichte. (Bibliothek Suhrkamp 509) Suhrkamp Verlag, Frankfurt a. M. 1976;   S. 133: Bertolt Brecht, Was ein Kind gesagt bekommt, aus: ders., Gesammelte Werke Bd. 9, Gedichte 2 (Werkausgabe edition suhrkamp) Suhrkamp Verlag, Frankfurt a. M. 1967, S. 585;   S. 139: Hans Manz, Zahlenrede, Kleiner Streit, aus: ders., Worte kann man drehen, Beltz Verlag, Weinheim 1974, S. 10 (Grafik: Peter Beckhaus, Wiesbaden);   S. 143: Tilde Michels, Reisen und kein Ende, aus: Gelberg, Hans-Joachim (Hg.), Der fliegende Robert, 4. Jb. d. Kinderliteratur, Beltz Verlag, Weinheim Basel, S. 85 (gekürzt);   S. 147: Hans Manz, Satz, der sich in den Schwanz beißt, aus: Gelberg, Hans-Joachim (Hg.), Geh und spiel mit dem Riesen. 1. Jb. d. Kinderliteratur, Beltz Verlag Weinheim Basel 1971, S. 162;   S. 148: James Krüss, Mein Urgroßvater und ich, F. Oetinger Verlag, Hamburg 1959;   S. 151: Gita, ein Mädchen aus Indien, aus: Barbara und Eberhard Fischer, Gita und ihr Dorf in Indien, Jugenddienstverlag, Wuppertal 1983, S. 10 (gekürzt), Grafik: Dinanath Pathy, © Peter Hammer Verlag, Wuppertal;   S. 152: Schule in Balipada, ebd., S. 10 (geändert);   S. 153: Töpferei in Balipada, ebd., S. 12 (geändert);   S. 153: Eßgewohnheiten in Indien, ebd., S. 20 (geändert);   S. 158: Ursula Wölfel, Der lächelnde Bahnbeamte, aus: dies., neunundzwanzig verrückte Geschichten, Hoch Verlag, Düsseldorf 1974, S. 56 (Grafik: Bettina Anrich-Wölfel, © by Hoch Verlag, Stuttgart);   S. 161: Volker W. Degener, MINI-Märchen, aus: Auf der ganzen Welt gibt's Kinder, hrsg. v. Jo Pestum, Arena Verlag, Würzburg 1976, S. 160;   S. 161: Uwe Timm, Erziehung, aus: R. O. Wiemer (Hg.), bundes deutsch, Lyrik zur Sache Grammatik, Hammer Verlag, Wuppertal 1974.

Einfach zum Nachschlagen

Adjektiv	Wortart: Beate ist **klug**. Ein **himmlisches** Eis! auch: Eigenschaftswort (→ Vergleichsform)
Akkusativobjekt	Satzglied: Ein Esel trifft **einen alten Hund**. Der Esel ruft **ihn** an. Frageprobe: **Wen** oder **was** trifft der Esel? (→ Kasus)
Artikel	Wortart: Begleiter von → Substantiven bestimmter Artikel: **die, der, dem, des, den** unbestimmter Artikel: **ein, eine, einem, einen**
Aufforderungssatz	Satzart: **Komm doch her! Hole dein Heft!** Ausrufezeichen (!) (→ Imperativ) Das → Prädikat steht am Satzanfang.
Ausrufesatz	Satzart: **Das ist doch die Höhe!** Ausrufezeichen (!)
Aussagesatz	Satzart: **Die Kinder gehen gerne ins Schwimmbad.** Punkt (.) Das → Prädikat steht an zweiter Stelle.
Dativobjekt	Satzglied: Das Buch gehört **dem Lehrer/der Lehrerin**. Frageprobe: **Wem** gehört das Buch? (→ Kasus)
Fragesatz	Satzart: (1) **Kommen deine Freunde vorbei?** (2) **Wen bringen sie mit?** Fragezeichen (?)
Genitivobjekt	Satzglied: Der Zauberer bediente sich **eines Tricks**. Frageprobe: **Wessen** bediente er sich? (→ Kasus)
Genus	Grammatisches Geschlecht der → Substantive: **der** Ball (maskulin), **die** Jacke (feminin), **das** Auto (neutrum)
Imperativ	Form des → Verbs: **Geh! Hole! Iß!**
Infinitiv	Form des → Verbs: gehen, holen, essen, auch: unbestimmte Form
Kasus	Form des → Substantivs/Adjektivs/Artikels: Nominativ: **das** neue Haus, **die** alte Katze, **der** große Hund Genitiv: **des neuen** Hauses, **der alten** Katze, **des großen** Hundes Dativ: **dem** neuen Haus, **der** alten Katze, **dem** großen Hund Akkusativ: **das** neue Haus, **die** alte Katze, **den** großen Hund
Numerus	Zahl des → Substantivs Singular (Einzahl): die Stadt, das Dorf Mehrzahl (Plural): die Städte, die Dörfer
Objekt	Satzglied: Anna kauft **ihrer Freundin ein Eis**. Frageprobe: **Wem** kauft Anna ein Eis? (→ Dativobjekt) Frageprobe: **Was** kauft Anna ihrer Freundin? (→ Akkusativobjekt)
Partizip Perfekt	Form des → Verbs: **geholt, gegangen, getrunken** Das Partizip ist Teil des → Perfekts (Elvira ist **gegangen**.), es kann als → Adjektiv verwendet werden (der **gekochte** Fisch).
Partizip Präsens	Form des → Verbs: **lachend, wütend**. Das Partizip wird oft als → Adjektiv verwendet (ein lach**endes** Gesicht).

Perfekt	Zeitform (Tempus) des → Verbs für die Vergangenheit. Er **hat** furchtbar **gelacht**. Sie **ist** fröhlich **weggegangen**.
Personalform	Form des → Verbs: ich **komme**, du **lachst**, sie **geht**, wir **holen**, ihr **sucht**, sie **rufen**.
Personalpronomen	Wortart: **ich, du, …, mir, dir, …, mich, dich** …, auch persönliches Fürwort
Possessivpronomen	Wortart: **mein, dein, …, meinem, deinem, …, meinen, deinen, …,** auch: besitzanzeigendes Fürwort
Prädikat	Satzglied: Die Mutter **holt** das Auto. Sie **hat** etwas **vergessen**. Frageprobe: Was ist/tut die Mutter? Das Prädikat steht im Aussagesatz an zweiter Satzgliedstelle. Besteht es aus mehreren Wörter, so bilden sie eine Klammer.
Präsens	Zeitform (Tempus) des → Verbs für die Gegenwart: Er **lacht** lustig. Sie **gehen** fröhlich **weg**.
Präteritum	Zeitform (Tempus) des → Verbs für die Vergangenheit: Er **lachte** lustig. Sie **gingen** fröhlich weg.
Reflexivpronomen	Wortart: **Die Mutter** freute **sich**. **Die Kinder** verstecken **sich**. Auch: rückbezügliches Fürwort
Satzglied	Bauelement des Satzes: Der Esel | trifft | einen Hund. Satzglieder werden bei der Umstellprobe zusammen verschoben (→ Subjekt, Prädikat, Akkusativ-, Dativ-, Genitivobjekt).
Subjekt	Satzglied: **Der Esel** trifft einen Hund. **Er** spricht ihn an. Frageprobe: **Wer** (oder was) trifft einen Hund? (→ Kasus)
Substantiv	Wortart: das **Haus**, die **Schule**, der **Schulweg**, auch: Namenwort (Hauptwort) → Kasus, Genus, Numerus
Verb	Wortart: **gehen, holen, lachen**, auch: Zeitwort (Tunwort) → Personalform, Infinitiv, Imperativ, Zeitform, Prädikat
Vergleichsform	Form des → Adjektivs: laut, laut**er**, am laut**esten**, auch: Steigerung (Vergleichsstufen).

Inhaltsübersicht

A. Sprechen und Schreiben

	Sprechen und	Schreiben	Umgang mit Texten
I. Sprachlicher Umgang mit anderen			
1. In der neuen Schule – Sich verständigen S. 6–12	Wünsche/Meinungen/ Anregungen äußern und begründen Erzählen Rollenspiel Sich vorstellen Wege beschreiben	„Steckbrief" schreiben Wege beschreiben Plakat	Planskizze Collage Plakat
II. Erzählen			
2. „Also, das war so ..." – Erlebnisse erzählen S. 14–17	Erzählen Meinungen begründen Fragen stellen	Erlebniserzählung (Erzählbuch) Aufsätze überarbeiten	Schüleraufsätze
3. Bilder erzählen Geschichten S. 18–22	Bilder deuten Erzählkreis	Textanfänge fortführen Überschriften erfinden Texte überarbeiten Nach Bildern erzählen	Bildergeschichten
4. Wie war das noch? – Nach Texten erzählen S. 23–32	Nacherzählen Textstellen deuten Vorlesen Texte nachspielen	Stichwortzettel Parallelgeschichten Texte erweitern Aus anderer Sicht erzählen	Erzählungen Werbeanzeige Sage Gedichte
5. Das ist ja unglaublich! Phantasiegeschichten S. 33–43	Pantomimisches Spiel Erzählkreis Texte bewerten Erzählschritte ordnen	Textanfänge weiterschreiben Texte überarbeiten Nach Reizwörtern und Phantasiebildern schreiben	Phantasiegeschichten Traum- und Phantasiebilder
III. Beschreiben			
6. Mein Heimatort – Informieren S. 44–50	Vorschläge diskutieren Informationen beschaffen und auswerten	Sachtexte auswerten Brief schreiben	Prospekte Veranstaltungskalender Fahrpläne
7. Wir feiern Geburtstag – Vorgänge und Wege beschreiben S. 51–56	Meinungen äußern und begründen Spielanleitungen besprechen	Wegeskizzen erläutern Spiel- und Bauanleitungen	Einladungskarte Stadtplan/Planskizze Spielanleitung/-kartei
8. Unsere Lieblingsbücher – Informieren S. 57–64	Texte auswerten Fragen stellen Vorlesen (Lesehilfen)	Lesetips schreiben Buchkarten anlegen Vorgänge beschreiben	Jugendbuchausschnitt
IV. Spielen			
9. Spielen ohne Worte S. 66–68	Fotos deuten Pantomimen spielen Anweisungen begründen		Fotos
10. Theater, Theater – Prosatext nachspielen S. 69–72	Text deuten Vorlesen Meinung äußern und begründen	Spieltext Stichwortzettel Erzählungen Einladungen	Schwankgeschichte

B. Rechtschreiben

1. Tips und Arbeitshilfen S. 74–79	Schriftbild, aufmerksames Zuhören, Abschreiben Partnerdiktat (Methode) Wortfamilie Nachschlagen (Wörterbuch, Wörterheft)
2. Dehnung: Langvokale schreiben S. 80–85	Langvokale ohne Dehnungszeichen (Beispiel: sie kamen) Langvokale durch [h] (Beispiel: wir fahren) Langvokal durch Verdoppelung der Vokale (Selbstlaute) (Beispiel: das **Boot**)

3. Schärfung: Kurzvokale kennzeichnen S. 86–89	Kurzvokale durch Verdoppelung der Konsonanten (Mitlaute) (Beispiel: re**nn**en) Kurzvokale durch Konsonantenhäufung (Beispiel: ha**lt**en) Kurzvokale durch [ck] gekennzeichnet (Beispiel: pa**ck**en)
4. S-Laute: geschrieben als s, ss, ß S. 90–95	Kurzvokale im Wortinnern: [ss] (Beispiel: mü**ss**en) [ss] am Wortende aber: [ß] (Beispiel: er mu**ß**) [ss] vor Konsonant auch: [ß] (Beispiel: du mu**ß**t) Langvokal/Diphthong und stimmloser S-Laut: [ß] (Beispiel: grö**ß**er, herau**ß**rei**ß**en) Langvokal/Diphthong und stimmhafter S-Laut: [s] (Beispiel: bla**s**en, verrei**s**en)
5. Gleich und ähnlich klingende Laute S. 96–106	Buchstaben ä/e: [ä] – Verwandte mit [a] Buchstaben äu/eu: [äu] – Verwandte mit [au] Buchstaben d/t im Auslaut: Hilfe durch Wortverlängerung Buchstaben v/f/ph: Wortbilder einprägen Buchstaben b/p, g/k im Auslaut: Hilfe durch Wortverlängerung

6. Großschreibung
S. 107–112
	Erkennungszeichen für Substantive – die Begleiterprobe:
	  bestimmter und unbestimmter Artikel: die, ein ...
	  versteckter Artikel: am = an + dem
	  Possessivpronomen: mein, sein ...
	Endsilben: -heit, -keit, -ung, -nis, -tum, -schaft
	Anredepronomen in Brief/Karte: Sie, Du ...

7. Silbentrennung S. 113–116	Wörter werden nach Sprechsilben getrennt (Beispiel: be- ur- tei- len)

C. Sprachbetrachtung und Grammatik

1. Substantiv S. 118–121	Substantiv mit Artikel, Numerus: Singular/Plural, Genus
2. Pronomen S. 122–126	Personalpronomen (persönliches Fürwort) Possessivpronomen (besitzanzeigendes Fürwort) Reflexivpronomen (rückbezügliches Fürwort)

3. Verb
S. 127–136
	Verbformen: Personalform/Infinitiv
	             Imperativ (Befehlsform)
	             Partizip Präsens (Mittelwort I)
	             Partizip Perfekt (Mittelwort II)
	Zeitformen (Tempora): Präsens, Perfekt, Präteritum

4. Adjektiv S. 137–142	Steigerung: Positiv, Komparativ, Superlativ Steigerung durch Wortzusammensetzungen
5. Wortfamilie – Wortfeld S. 142–146	Wortfamilie: der gleiche Wortstamm Wortfeld: die gleiche Kernbedeutung
6. Der Satz und seine Glieder S. 147–157	Satzgrenzen: Klangprobe Satzglieder: Umstellprobe Subjekt: Frageprobe Prädikat: Frageprobe, Stellungsprobe (Satzklammer) Akkusativobjekt: Frageprobe Dativobjekt: Frageprobe Genitivobjekt: Frageprobe Kasus und Kasusendung (Rechtschreibhilfen)
7. Satzarten S. 158–161	Aussagesatz (Punkt) Fragesatz (Fragezeichen) Aufforderungssatz (Ausrufezeichen) Ausrufesatz (Ausrufezeichen)
8. Zeichensetzung S. 162–166	Satzschlußzeichen: Wiederholung und Übung Satzzeichen bei der wörtlichen Rede: Anführungs- und Schlußzeichen Kommasetzung: Aufzählung, Anrede und Ausruf, im Briefkopf
Einfach zum Nachschlagen S. 168–169	Alphabetisches Verzeichnis wichtiger Grammatikbezeichnungen mit Beispielen

Stichwortverzeichnis

Adjektiv 137 ff., 143
Anführungszeichen 34 f., 163
Anrede 21
    Komma bei 166
Anredepronomen 111 f.
anregen zu Äußerungen 11, 16 f.
Arbeitshilfen (siehe auch Tips) 75, 97, 103, 107 ff., 115, 118, 122, 125, 127, 130, 132 f., 137, 143, 145, 147 f., 150 f., 154, 156, 158, 160 ff., 166
Artikel 107, 118
    bestimmter 107, 118
    unbestimmter 107, 118
    versteckter 110
Aufforderungssatz 67, 129, 158, 161

Bauanleitung 56
b/p 104
Begleiter (Artikel) 107, 110
begründen 8
begrüßen 7
Bericht 135
beschreiben 10, 43 ff., 51, 64
    Vorgänge 52 ff., 56, 64 f.
    Weg 10, 51 ff.
Bildergeschichten 18 ff.
Brief 45 f., 49, 111 f., 166
    Brief schreiben 49
Buch vorstellen 57 ff., 60 ff.
    Jugendbuch 58 ff.
Buch einbinden 56, 64
Bücherei 63
Buchkarten anlegen 63
Buchstabe 103, 116

Collage 9
Computer 76 f.

d/t im Auslaut 100
Dehnung 80 ff.
    ohne Kennzeichnung 80
    mit Kennzeichnung 81, 83
    mit h 83
    mit Doppelvokal 84
diktieren 75, 95, 106, 156
Diphthong 98
Doppelkonsonanten 76, 86

Einladung schreiben 72
Einleitung 21, 24
Erfahrungen äußern 6
erzählen 7, 14 ff.
    nach Bildern 18 ff.

Erlebnis 14
    Geschichten erfinden 25
    Nachtgeschichten 22 f.
    Phantasiegeschichten 33 f.
    nach Texten 23 ff., 26, 29, 32 f.
    Reizwort 37, 39
    Traumgeschichten 40 ff.
    weitererzählen 19, 29, 34, 37
Erzählbuch 14
Erzähler 32, 72
Erzählkreis 20
Erzählschritte 38
Eulenspiegel 69 ff., 146

Fahrplan lesen 50
Fragesatz 159
    Entscheidungsfragen 161
    Ergänzungsfragen 161
Fragen an einen Aufsatz stellen 15, 17

g/k 106
Gedicht 30 f., 73, 125, 133, 139, 161
    Gedicht schreiben 30
Gefühle ausdrücken 66
Genus (grammatisches Geschlecht) 118 ff.
Geschichten erfinden 30, 32
gleich- und ähnlich klingende Laute 96 f.
Gliederung von Texten 21, 24, 38, 54
Grammatik 117 ff.
Großschreibung 107 ff.

Hauptteil 21, 24

Imperativ 11, 128 f.
Infinitiv 19, 53, 78, 86, 89, 96, 127 ff., 131
informieren 44 ff., 57 ff.
Informationen beschaffen 44 ff., 57
Jugendbuch 58 ff.

Kartei 56
    Karteikasten 56
Kasus 74, 168
Klangprobe 147
Klassenbücherei 63
Komma 164 ff.
    bei Anrede 16
    bei Aufzählung 164
    bei Ausruf 165
    im Briefkopf 166

konjugieren 80, 85, 87, 128
Konsonantenhäufung 87

Laut 74, 80, 86 f., 90, 93
Leseprobe 58 f.
Lesehilfen 61
Lückentext 91 f., 94 f., 98, 104 f., 124, 126, 130, 151, 155, 156

Märchen 102
Material ordnen 49
Meinungen äußern 8
Merkzettel anlegen 111

nacherzählen 23 ff.
nachschlagen 78 f.
Nachsilben 108
Numerus 120

Objekt 154 ff.
    Akkusativobjekt 154 f.
    Dativobjekt 154, 156
    Genitivobjekt 157

Pantomime 66 ff., 145
Phantasiegeschichten 33, 40
Partizip Präsens 101, 130
Partizip Perfekt 131, 134 f.
Partnerdiktat 75, 83 f., 88, 97
Perfekt 19, 134 ff.
Personalform 78, 80 f., 85, 87 ff., 91, 96, 101, 105, 109, 113, 127 ff., 132, 152
Plural 80, 96, 109, 112, 119, 120
Prädikat 151
Präsens 19, 53, 56, 133
Präteritum 19, 136
Proben 147 ff.
    Begleiterprobe 109
    Klangprobe 147
    Umstellprobe 148 f.
Pronomen 122 ff.
    Personalpronomen 122, 157
    Possessivpronomen 123 f.
    Reflexivpronomen 125 f.
Prospekt auswerten 46 f.

Rätsel/Wörtersuchspiel 81 f., 84, 101, 115, 155, 162 f.
Rechtschreiben 73 ff.
    b/p 104
    d/t im Auslaut
    Dehnung 80 ff.
    Diphthong 98
    Doppelkonsonanten 76, 86

Einsetzübungen 79, 91 f., 94 f., 98, 102, 104 f., 112, 121, 123 f., 126, 130, 139, 151, 155 f.
Fehler 114
g/k 106
gleich und ähnlich klingende Laute 96 ff.
Großschreibung 107 ff.
Konsonantenhäufung 87
Partnerdiktat 75, 83 f., 88, 97
Rechtschreibfehler 74 f.
S-Laut 90 ff.
Schärfung 86
Silbentrennung 113 ff.
Übungstexte 79, 87, 89, 93, 99, 102, 105
v/f/ph 104
Reim 30, 86, 90, 98, 105
Reizwortgeschichten 37, 39
Requisiten 71

S-Laut 90 ff.
Sage 26
Satz 147 ff.
   Satzarten 151, 158 ff.
   Satz bilden 93 f., 101 f.
   Satzglieder 148 f.
   Satzgrenzen 162
   Satzklammer 153
   Begleitsatz 163
Satzarten 158 ff.
   Aufforderungssatz 67, 158, 161
   Ausrufesatz 158
   Aussagesatz 158
   Fragesatz 158 f.
Schärfung 86
Schluß schreiben 17, 21, 24, 34
Schrift 73 f.
Schülertexte 15 ff., 19, 21, 29, 34, 46, 74, 141, 147 f.
spielen 6, 32 f., 52, 54 f., 65 ff., 71, 145, 159, 161

Prosatext spielen 69 ff.
   zum Kennenlernen 6 f.
Spielanleitung 52 f., 54 ff., 109, 160
Spielesammlung/Spielekartei 56
Spieltext 32, 71
Silbentrennung 113 ff.
Sinneseindrücke wiedergeben 39
Singular 109, 112, 119 f.
Stadtplan lesen 51
Stammwort 76
Steckbrief schreiben 9
Stichwortzettel 24 f.
Strophe 30
Subjekt 150
Substantiv 76, 80, 89, 96, 107 ff., 113, 118 ff., 143
Szene 32, 67, 71
Szenen proben 67, 71
Szenen gestalten 68, 71

Tiergeschichte 27 f.
Tips 17, 20, 32, 37, 42, 49, 53, 56, 61, 74 f., 97, 107
Traumgeschichten 40

überarbeiten, Texte 16 f., 20 f., 34, 39, 72
Überschrift 24, 26
Umstellprobe 148 f.

v/f/ph 104
Veranstaltungskalender auswerten 48
Verb 127 ff., 151 ff.
   Hilfsverb 134
verbessern 16 f., 34, 39, 123
Vergleichsstufen (Komparation) 140 ff.
   Positiv 140
   Komparativ 140
   Superlativ 140
Vergleichsformen 96, 139, 140 ff.

Verkehrszeichen 82
Verkleinerungsform 96
verständigen sich 4
Vers/Zeile 30
vorlesen 15, 26, 30, 32, 40, 60 f., 70, 75, 121 f., 132, 147 f., 157 f., 161
Vorsilben 103
   Vorsilbe ver- 103
   Vorsilbe vor- 103
vorstellen
   sich 8
   Buch 57 ff., 60 f.

Wegeskizze zeichnen 52
weitererzählen 19, 29, 146
Werbesprüche 138, 140
Wörter bilden 54
Wörterbuch 76 ff.
   nachschlagen 78 f.
   persönliches Wörterbuch 79
Wörterheft 79, 85, 95, 97, 103, 106
Wortfamilie 76, 80 f., 96, 98 f., 143 ff.
Wortfeld 20, 145 ff.
Wortlisten zum Wiederholen 85, 89, 95, 103, 106, 115 f.
wörtliche Rede 34, 162 f.
   Begleitsatz 163
Wortstamm 80, 87, 100, 143
Wunsch äußern 6

Zeichensetzung 162 ff.
   Anführungszeichen 137 ff., 143
   Ausrufezeichen 158 f.
   Fragezeichen 158 f.
   Satzschlußzeichen/Punkt 158
Zeitformen 19, 132 ff., 136
zuhören 61, 74

Abkürzungen:
f. = folgende [Seite]
ff. = folgende [Seiten]